Joachim Breschke

Das fernöstliche Lebenselixier:
Grüner Tee

Entspannen und richtig genießen

Die Gesundheit fördern

Tipps zur Schönheitspflege

Seehamer Verlag

Hinweis des Verlages
Die in diesem Buch enthaltenen Informationen und Rezepte sind nach bestem Wissen und Gewissen zusammengestellt. Eine Haftung kann nicht übernommen werden.

Das Werk einschließlich aller seiner Teile ist urheberrechtlich geschützt. Jede Verwertung außerhalb der engen Grenzen des Urheberrechtsgesetzes ist ohne Zustimmung des Verlages unzulässig und strafbar. Das gilt insbesondere für Vervielfältigungen, Übersetzungen, Mikroverfilmungen und die Einspeisung und Verarbeitung in elektronischen Systemen.

Bildnachweis:
Für die freundliche Überlassung der Abbildungen danken wir:
Japanische Fremdenverkehrszentrale, Frankfurt/Main für die Abbildungen auf den Bildtafeln 6 und 7; Deutsches Teebüro, Hamburg für alle übrigen Abbildungen.

© 2000 Seehamer Verlag GmbH, Weyarn
Alle Rechte vorbehalten
Redaktion und Produktion:
Dr. Reitter & Partner Verlag, Vaterstetten
Umschlaggestaltung: Bine Cordes, Weyarn
Umschlagfoto: Hans Reinhard, Grasrain
Foto Vor- und Nachsatz: Deutsches Teebüro, Hamburg
Printed in Germany
ISBN 3-934058-31-0

Inhalt

Einleitung 7

Alles Wissenswerte über Tee 9
    Kleine Teegeschichte(n) 10
    Die Teepflanze 14
    Grüner Tee – die wichtigsten Sorten 30

Grüner Tee zum Genießen 39
    Einkauf und Lagerung 40
    Zübehör und Zutaten 42
    Die Zubereitung 47

Teerezepte aus aller Welt 55
    Heiße Tees ohne Alkohol 56
    Tees mit Alkohol 61
    Coole Drinks 68

Kulinarische Rezepte mit Tee 77
    Kuchen und Kekse mit Tee 78
    Gebäck zum grünen Tee 81
    Hauptgerichte mit Tee 85
    Desserts 90

Grüner Tee für die Gesundheit 95
    Inhaltsstoffe und Wirkung vom grünen Tee 96
    Bei diesen Krankheiten hilft grüner Tee 105
    Weitere Gesundheitsanwendungen 124

Grüner Tee für die Schönheit 129
    Schönheit: Glanz von innen 130

Rezeptverzeichnisse 138

Einleitung

„Duftendes Mädchen", „Weiße Affenpfote", „Grüne Frühlingsschnecke", „Augen himmelwärts", „Tor zum Frühling" – mit derart poetischen Namen bedenken Japaner und Chinesen ihr Nationalgetränk, den grünen Tee. Und auch hierzulande ist der gelblich grüne Aufguss zum heißen Trendgetränk geworden. Im Vergleich zum Vorjahr stieg der Import 1998 um 150 Prozent, berichtet das Deutsche Teebüro in Hamburg. Noch höhere Zahlen vermelden einen Anstieg auf den zehnfachen Verbrauch zwischen 1990 bis 1997. Sie lassen sich daraus erklären, dass der grüne Tee anfänglich in Deutschland nur ein Geheimtipp der alternativen Szene war. Auch der Tee-Importeur Christoph Götz aus Hannover bestätigt: „Wenn etwas boomt, dann ist es der grüne Tee." Nicht nur kleine Spezialanbieter haben ihn im Sortiment, sondern jedes Fachgeschäft und auch die Marktriesen Teekanne und Meßmer bieten ihn neuerdings lose sowie in Beuteln an.

In den letzten Jahren häuften sich die Meldungen über die traditionell bekannten, aber bei uns neu entdeckten Heilwirkungen des grünen Tees. Das stärkste Interesse finden verständlicherweise die Nachrichten, dass sein regelmäßiger Genuss vor Krebs und Herzkrankheiten schützen soll. Es gibt Anzeichen dafür, dass es tatsächlich solche vorbeugenden Wirkungen gibt. Mediziner fanden statistisch heraus, dass in einigen Gebieten Asiens, vor allem in Japan, weniger Krebserkrankungen und eine entsprechend höhere Lebenserwartung zu verzeichnen ist, wenn große Mengen grüner Tee getrunken werden. Die Zahl der Krebs- und Herzkranken war dort niedriger als in anderen Gegenden. Das genügt natürlich noch nicht als Beweis, aber es lässt die Vermutung zu, dass ein Zusammenhang besteht.

Daraufhin hat man die speziellen Eigenschaften des grünen Tees untersucht und herausgefunden, dass er vielseitige theraupeutisch wirksame Inhaltsstoffe besitzt. Dazu gehören zahlreiche Vitamine und Minerale, aber auch spezifisch gesundheitsfördernde Substanzen wie die Catechine, darunter das nur in den Blättern des Teestrauchs zu findende EGCG. Von ihm wird noch ausführlich die Rede sein, denn es besitzt die stärksten Heilwirkungen. Im schwarzen Tee ist es ursprünglich ebenfalls vorhanden (beide Sorten stammen botanisch

Einleitung

gesehen von derselben Pflanze), doch wird dieser heilkräftige Wirkstoff bei dessen Fermentieren zerstört.

Entsprechend dem großen Interesse an den therapeutischen Wirkungen von grünem Tee beschäftigt sich der Hauptteil dieses Buches mit Tee-Anwendungen für die Gesundheit. Doch sollen die Anregungen zum Genießen nicht zu kurz kommen: Köstliche Teerezepte und solche für die Küche zeigen auf, wie vielseitig grüner Tee kulinarisch zu verwenden ist. Ein weiterer Hauptteil beschäftigt sich mit Tee-Anwendungen für die Schönheit. Auch hierbei führen die speziellen Inhaltsstoffe des grünen Tees zu ganz außergewöhnlichen Ergebnissen. Bevor man sich all dies zunutze machen kann, sollte man sein Wissen über Tee erweitern, vor allem über die vielen unterschiedlichen Sorten und Mischungen von grünem Tee, aber auch darüber, welche anderen Tee-Arten es gibt, deren teilweise recht exotischen Varianten bei uns für Aufsehen gesorgt haben.

Alles Wissenswerte über Tee

Alles Wissenswerte über Tee

Kleine Teegeschichte(n)

Seit 5000 Jahren

Aus den frühesten Anfängen der Teegeschichte sind nur Legenden überliefert, und selbst die Jahreszahlen dafür liegen weit auseinander. Die Historiker gehen davon aus, dass die Chinesen schon seit 5000 Jahren abwarten und Tee trinken. Um das Jahr 2750 v. Chr. sollen dem chinesischen Kaiser Shen Nung ein paar Blätter eines wild gewachsenen Teestrauchs zufällig in sein heißes Trinkwasser gefallen sein. Er kostete es und fühlte sich von dem wohlschmeckenden Getränk wunderbar erfrischt. Nach derselben Legende soll Kaiser Shen Nung zahllose Kräuter auf ihre therapeutische Wirkung erprobt haben – er gilt als Begründer der chinesischen Kräuterheilkunde. Realistischere Quellen berichten, dass Laotse im 6./5. Jahrhundert v. Chr. für die Verbreitung des grünen Tees als Arzneimittel gesorgt habe.

Erwiesen ist, dass bereits zu Beginn der Han-Dynastie, also in den letzten beiden Jahrhunderten vor der Zeitenwende, Teepflanzen in Sichuan kultiviert wurden. Ebenfalls überliefert ist die für das Jahr 98 n. Chr. verbürgte Nachricht, dass Kaiser Wu-Ti den Teegenuss förderte, indem er den bis dahin ungemein beliebten Reiswein besteuerte. Dazu passt, dass 370 n. Chr. der Kaiser Fukien-ling seine Untertanen förmlich bat, statt des Reisweins den „nicht berauschenden, köstlichen Tee" zu trinken.

Allerdings wurde Tee damals nicht als das Getränk zubereitet, das wir heute kennen: Man zerstieß vielmehr die gedämpften und getrockneten Blätter in einem Mörser und presste sie zu einer Art Kuchen. Daraus kochte man mit Salzwasser und diversen Gewürzen wie Ingwer, Jasmin, Orangenschalen, Zimt, Nelken oder auch Zwiebeln eine Suppe. In einigen Gegenden Chinas ist die Teesuppe bis heute bekannt.

Es dauerte bis zum 5. Jahrhundert n. Chr., ehe die einfachen Leute im Süden Chinas langsam anfingen, sich an das Teetrinken zu gewöhnen, und bis zum 8. Jahrhundert, ehe sich diese Gewohnheit in ganz China durchsetzte.

Während der Sung-Dynastie (961–1278) kam es nicht nur zu einer Blütezeit des chinesischen Teeismus, sondern auch zu einer entscheidenden Änderung der Teezubereitung: Man entdeckte, dass

Kleine Teegeschichte(n)

sich die Teeblätter im Mörser zu Pulver zermahlen lassen, das man in heißem Wasser mit einem Besen aus Bambusrohr schlagen und auflösen kann. Erst mit dem Einfall der Mongolen in China im 13. Jahrhundert geriet diese Methode der Teezubereitung in Vergessenheit. Seither brüht man die getrockneten ganzen Blätter mit Wasser auf.

In Japan bildete sich eine eigene Legende aus dem 6. Jahrhundert n. Chr. um die Entdeckung des Teetrinkens: Ein buddhistischer Mönch namens Bodhidharma soll jahrelang meditiert und gegen den Schlaf gekämpft haben. Doch eines Tages überfiel ihn eine große Müdigkeit, und er schlief ein. Aus Zorn über seine menschliche Schwäche soll er sich die Augenlider abgeschnitten und diese fortgeworfen haben. Seine Lider schlugen Wurzeln, aus denen sich schließlich die ersten Teesträucher entwickelten. Bodhidharma soll die Blätter des Strauches probiert und ihre belebende Wirkung entdeckt haben. Daher bedeutet „Cha" in Japan noch heute sowohl Tee als auch Augenlid.

Erwiesen ist, dass buddhistische Mönche um 800 n. Chr. den Tee in kleinen Mengen nach Japan brachten und rund um ihre Klöster anpflanzten. Aber auch dort dauerte es bis zum 12. Jahrhundert, bis die Teepflanze allgemein verbreitet

Das Buch vom Tee

Etwa um 780 schrieb der Gelehrte Lu-Yu das erste umfassende Buch über den Tee. Das „Tscha-king" („Buch vom Tee") erläutert Herkunft, Anbau und Ernte der Teepflanzen ebenso wie Hilfsmittel und Anwendungen des Tees. Poetisch umschrieb der Teeliebhaber die besten Blätter als „faltig wie der Lederstiefel tatarischer Reiter, gekräuselt wie die Wamme eines mächtigen Bullen, entfaltet wie der Nebel, der einer Bergschlucht entsteigt, schimmernd wie der See, den ein Windhauch berührt, und weich wie feine Erde, die soeben der Regen benetzt hat". Lu-Yu propagierte damals bereits den reinen Teegeschmack und lehnte das Zusetzen von Gewürzen rundweg ab.

war. „Cha-no-yu", die japanische Tee-Zeremonie, entstand erst im 15. Jahrhundert in ihrer bis heute erhaltenen Form. Sie entwickelte sich aus dem Teekult der Mönche, die darin einen Weg zur Erleuchtung sahen.

So kam der Tee nach Südeuropa

Nach Südeuropa kam der Tee erst zwei Jahrhunderte später auf der Seidenstraße und über Portugal. Schon früher

Alles Wissenswerte über Tee

hatten Reisende von dem Getränk berichtet: Marco Polo erwähnt bereits 1298 eine Teesteuer-Erhöhung in China, und der Missionar Pater Gaspar de Cruz beschreibt die heilsamen Wirkungen des Tees 1560 in seinem Buch über China. Doch erst im Jahr 1610 sollte ein Schiff der Holländisch-Ostindischen Kompanie eine erste kleine Ladung Tee von Kanton nach Amsterdam mitbringen und damit einen regelmäßigen, ständig zunehmenden Tee-Import auf dem Seeweg begründen. Von Amsterdam aus wurde der Tee auch nach Frankreich und Deutschland exportiert.

Zur selben Zeit erreichte der Tee Europa auch auf dem Landweg: In Russland trafen Karawanen aus China mit Tee ein. Dieser russische „Karawanentee" galt bald als besonders begehrt, war er geschmacklich doch dem Tee, der monatelang in dumpfen Schiffsbäuchen transportiert wurde, deutlich überlegen. Nach tibetischen Vorbildern entstand auch der Samowar, ein Heißwasserbereiter zum Teebrühen, der noch heute in keinem russischen Haushalt fehlen darf.

Wie Kaffee und Kakao, die ebenfalls in der Mitte des 17. Jahrhunderts nach Europa kamen, galt auch der Tee damals als Heilmittel und nicht als Getränk. Man setzte ihn gegen diverse Leiden wie Erkältung, Magenverstimmung, Kopf-

schmerzen, Asthma oder Gallensteine ein. Selbst gegen die Pest hoffte man damit vorzubeugen. Doch bald wurde der Tee zum Modegetränk, vor allem beim Adel und bei allen, die sich den kostspieligen Luxus leisten konnten.

England, die spätere Hochburg des Teetrinkens, erreichte die erste Teelieferung erst im Jahr 1657. Die Portugiesin Katharina von Braganza, die nach ihrer Heirat mit Charles II. englische Königin wurde, führte den Nachmittagstee ein und trug entscheidend zur Verbreitung des Teetrinkens in England bei. Allerdings war der Tee im 17. und 18. Jahrhundert noch so teuer, dass ihn sich nur sehr Reiche leisten konnten. Erst ganz allmählich wurde Tee durch die Konkurrenz der Handelsflotten und durch neue Anbaugebiete auch für das einfache Volk erschwinglich. Die Tea Houses, Tea Gardens und Tea Rooms entstanden und wurden zu gesellschaftlichen Anziehungspunkten.

England stieg in den Teehandel ein und übernahm die Vormachtstellung, welche die Holländer fast fünfzig Jahre lang innegehabt hatten. Mit der Gründung der Ostindischen Kompanie kontrollierten sie bald den gesamten Handel mit China. Im Jahr 1651 erließ die britische Regierung ein Gesetz, wonach nur britische Schiffe Waren aus Übersee nach England

Kleine Teegeschichte(n)

bringen durften, und von 1669 an durften englische Kaufleute nicht einmal mehr von holländischen Zwischenhändlern Waren aus Asien, Amerika oder Afrika in Amsterdam übernehmen. England wurde zu einer Nation von Teetrinkern: Im Jahr 1690 wurden 10 000, etwa hundert Jahre später bereits vier Millionen Kilogramm Tee importiert.

Über England gelangte der Tee auch in die nordamerikanischen Kolonien und wurde dadurch unerschwinglich: die Ostindische Kompanie und der englische Staat versahen den Tee sowohl bei der Zwischenlandung in England als auch bei der Ankunft in Amerika mit Teesteuern. Am 16. Dezember 1773 warfen englische Siedler (als Indianer verkleidet) eine Lieferung von 342 Teekisten von Bord dreier englischer Schiffe in den Hafen von Boston, um sich gegen das englische Monopol und die hohe Teesteuer zu wehren. Die „Boston Tea Party" wurde zum politischen Aufbruchsignal für den anschließenden Unabhängigkeitskrieg und die Gründung der Vereinigten Staaten von Nordamerika.

Wenig später versuchte die Britisch-Ostindische Kompanie auf andere Weise, das englische Tee-Monopol zu behaupten: In ihren indischen Dominions und auf Ceylon bauten die Engländer seit etwa 1840 ihren eigenen Tee an. Im Tal des Brahmaputra legte man erfolgreich Versuchsgärten an, und nachdem 1833 der Handelsvertrag zwischen China und der Britisch-Indischen Kompanie ausgelaufen war, beschloss man, Europa fortan mit Tee aus Indien zu beliefern. Nach einigen Anfangsschwierigkeiten sollte Indien bald zum größten Tee-Anbaugebiet der Welt werden.

Historische Folgen bis heute

Der Teeanbau hatte in Asien ernsthafte geschichtliche Auswirkungen. Da die Ureinwohner von Sri Lanka nicht auf den englischen Plantagen arbeiten wollten, wurden tamilische Gastarbeiter aus Indien ins Land geholt. Die Folge ist der bis heute nicht endende Krieg zwischen beiden Volksgruppen.

In Europa blieb der grüne Tee noch lange Zeit ein Luxusartikel, und sein Genuss war fast durchweg auf den hohen Adel beschränkt. In winzigen Mengen wurde er auch als Heilmittel in der Apotheke verkauft. Richtig populär wurde der Tee erst ab Mitte des 19. Jahrhunderts. Das lag daran, dass die Engländer inzwischen den indischen und ceylonesischen Grüntee fermentieren ließen, was einen herberen und kräftigeren Schwarztee ergab, der sich besser mit Zucker und Milch aromatisieren ließ.

Alles Wissenswerte über Tee

Die Teepflanze

Die Teepflanze gehört botanisch zur kleinen Familie der *Theaceae*, den Teegewächse. Deren Hauptvertreter bei uns ist die Kamelie *(Camellia japonica)* aus den Wäldern Japans, Koreas und Taiwans. Insgesamt umfasst die Pflanzenfamilie 25 Gattungen mit ungefähr 500 Arten. Sie wachsen als Bäume oder Sträucher meist in den Gebirgswäldern der Tropen bzw. Subtropen. Die wichtigste Nutzpflanze dieser Familie ist der chinesische Teestrauch *Camellia sinensis*. Ihren Namen trägt die Gattung nach dem Apotheker Georg Joseph Kamel, der seinen etwas abträglichen Namen wie seinerzeit üblich latinisiert hat und sich Camellus nannte. Er lebte von 1661 bis 1706 und arbeitete auf Manila in der mährischen Brüdermission unter anderem an einem Bildwerk von den Pflanzen, die auf Luzon wachsen.

Der chinesische Teestrauch *Camellia sinensis* ist ein immergrüner Strauch oder Baum. Je nach Klima und Standort entwickelt er sich etwas unterschiedlich, doch allein die Wuchsform bestimmt, ob ein Gehölz als Strauch oder Baum einzuordnen ist. Daher gibt es botanisch gesehen keinen Grund, die Art mit anderen botanischen Namen wie *C. assamica* zu belegen, dem Teestrauch aus Assam. Es ist ein und dieselbe Art. Die Blätter sind wechselständig, das heißt, an jedem Blattknoten steht jeweils nur ein Blatt in gegensätzlicher Richtung. Sie sind dunkelgrün und etwas lederartig, länglich eiförmig, 4–6 cm lang, laufen spitz zu und haben sehr fein ge-

---

Der Teebaum hat nichts mit dem Teestrauch zu tun

Die Teesträucher haben botanisch nichts mit dem Teebaum zu tun, den der englische Seefahrer James Cook nur so genannt hat, als er 1770 an der Nordostküste Australiens landete und mangels echten Tees aus den Blättern eines dort zahlreich vorkommenden Baumes ein teeartiges Getränk brühte.
Die Pflanze gehört zu den Myrtengewächsen und ist mit dem Eukalyptusbaum, dem Nelkenpfeffer und den Gewürznelken verwandt; alles sind stark aromatische Gehölze, die selbstständige Gattungen wie die Myrtenheide *Melaleuca* bilden. Dazu gehören beispielsweise *M. cajeputi* (Kajeput), *M. quinquenervia* (Niauli) und *Kunzea ericoides* (Manuka).

Die Teepflanze

zahnte Ränder. Die Zahl der Blütenblätter schwankt zwischen sieben und drei, meist sind es fünf. Sie stehen einzeln oder bis zu viert in den Blattachseln, sind weiß bis rosafarben, etwa 3 cm im Durchmesser und verströmen einen angenehmen Duft. Aus den drei- bis vierfächrigen Fruchtknoten bildet sich eine Kapselfrucht, die später leicht verholzt. In ihr sind die etwa 1 cm großen dunkelbraunen Samen enthalten. Sie werden vor der Aussaat vorgekeimt und als Sämlinge eingetopft. Häufiger jedoch wird der Teestrauch unter Glas mit Stecklingen vegetativ vermehrt.

Der Teestrauch gedeiht bis in 2000 m Höhe, wenn er im typischen Regenwaldklima über 1500 Liter Niederschlag erhält, ohne dass der Boden vernässt. Die besten Qualitäten wachsen im Halbschatten, aber die Sträucher brauchen auch einige Stunden Sonne am Tage. Diese Ansprüche lassen sich am besten in Indien, vor allem in den Hochlandregionen von Darjeeling und Assam, aber auch in China und Japan erfüllen. Es gibt außerdem weite Anbaugebiete in vier Dutzend anderen Ländern wie z. B. Bangladesch und Java, Sri Lanka und Vietnam.

Ursprünglich war die Teepflanze ein Baum, der in einzelnen erhaltenen Exemplaren bis zu 30 Meter hoch werden kann mit einem Stamm von einem Meter Durchmesser. Davon die beiden Spitzenblätter ernten zu wollen wäre allzu umständlich; deshalb hält man die Gehölze als Sträucher nur anderthalb Meter hoch, indem permanent die Triebspitzen mit zwei Blättern abgepflückt werden. Bei den Spitzensorten geschieht das noch heute per Hand; ansonsten aber sind Erntemaschinen im Einsatz. Die nächsten Austriebe sind zwei Wochen später so weit, wieder gestutzt zu werden. Bei diesem halbrunden Heckenschnitt entstehen die künstlich wirkenden Wellenberge japanischer und chinesischer Teeplantagen.

Die unterschiedlichen Qualitäten der Teesorten kommen primär dadurch zustande, dass die zahlreichen Spielarten der Teesträucher oft untereinander gekreuzt worden sind. Darüber hinaus sind sie von einer ganzen Reihe anderer Faktoren abhängig.

In erster Linie kommt es auf das Klima an, denn der Teestrauch braucht eine Mindestmenge von Sonnenstunden und Niederschlägen. Die besseren Sorten wollen überdies eine Zeit lang pro Tag im Schatten stehen, weshalb sie nicht aus den Industrieplantagen stammen können, in denen es keine höheren Gehölze gibt. Wichtig ist aber auch der Boden, der zwar feucht und fruchtbar,

Alles Wissenswerte über Tee

doch nie staunass sein sollte. Schließlich ist die Höhenlage von Bedeutung, denn je höher diese ist, desto langsamer wächst ein Teestrauch, und je langsamer er gedeiht, desto höher ist auch seine Qualität im Geschmack und bezüglich der Menge seiner Inhaltsstoffe. Hoch gewachsen (highgrown) bedeutet bei grünem Tee: in der Höhe gewachsen und zugleich von bester Qualität. Es gibt Tausende von geschmacklichen Spielarten, die sich teils aus ihren Anbaugebieten, teils aus der unterschiedlichen Behandlungsweise nach der Ernte ergeben. Dabei kommt es auf Stunden an, weil Teeblätter nicht zu lange trocknen dürfen, damit die fermentierenden Enzyme das Blattgrün nicht angreifen können. In Japan werden die Teeblätter deshalb mit Wasserdampf behandelt, in China leicht angeröstet, wobei sich der arteigene Geschmack entwickelt.

Rot, weiß, schwarz – besondere Teesorten

Der rote Tee (Pu-Erh-Tee)

Seit kurzer Zeit gehen sensationelle Nachrichten über die fettabbauende Wirkung des Pu-Erh-Tees durch die Presse. Auch diese rote Variante stammt von *Camellia sinensis* ab und wird *C. assamica* genannt. Es handelt sich um den Quingmao-Teebaum aus China, der im milden Tropenklima von Yunnan gedeiht, am besten in den Regionen von Xishanghanna und entlang dem Lancangfluss bei Simao. Das alles liegt im äußersten Süden von China bei der Stadt Pu Erh, die deshalb den großen, länglich eiförmigen Blättern den Namen Pu-Erh-Tee gegeben hat. Sie werden dort seit vielen Jahrhunderten geerntet, getrocknet und geliefert. Die Herstellung ist einmalig unter den vielfältigen Teesorten: Die großen grünen Blätter werden zu einem Kuchen gepresst und so lange fermentiert, bis sie sich rotbraun verfärbt haben. Dazu muss der Kuchen einige Jahre lagern und reifen, damit sich Aroma und Wirkstoffe ausbilden können. Es sind dann nur noch sehr wenig Koffein und Gerbsäure darin enthalten. Werden die Blätter aufgebrüht, und zwar fünf Teelöffel in einem Liter sprudelnd kochendem Wasser (eine Ausnahme bei grünem Tee!), lässt man sie zwei bis fünf Minuten lang zugedeckt ziehen. Danach werden die Blätter abgeseiht. Der Pu-Erh-Tee hat eine dunkelrote, fast kastanienbraune Farbe und schmeckt mild, erdig sowie nussig.

„Er riecht nach Mist"

Die Zeitschrift „Öko-Test" war 1999 der Meinung: „Er riecht nach Mist und schmeckt auch nicht viel besser." Auch Professor Hademar Bankhofer, Autor zahlreicher Gesundheitsbücher, findet das Aroma sehr gewöhnungsbedürftig und weiß: „Manche finden den Geschmack scheußlich." Wem der Geschmack nicht passt, der kann den Tee auch in Kapseln (aus der Apotheke) schlucken. Davon nimmt man einige Wochen lang täglich dreimal zwei Kapseln mit viel Flüssigkeit.

Alles Wissenswerte über Tee

Der Pu-Erh-Tee gilt in China seit über 1700 Jahren als Allheilmitel. In erster Linie regt er den Stoffwechsel an und sorgt dafür, dass die Körperfette schneller umgesetzt und verbraucht werden. Das ernährungsbedingte Übergewicht wird so ohne unangenehme Begleiterscheinungen, ohne zu hungern und ohne Nebenwirkungen, erheblich vermindert. Da es keine Heißhungerattacken mehr gibt, wird der JoJo-Effekt vermieden.

Die Öko-Tester waren auch skeptisch, was diese Wirkung als Schlankmacher betrifft. Studien am „Medical Institute" von Yunnan und am „Saint-Antoine"-Hospital in Paris widerlegen das auf wissenschaftlich einwandfreier Basis. Dort verloren 88 Prozent der Testpersonen in vier Wochen jeweils durchschnittlich 10,8 kg. Bei leichtem Übergewicht kann man in einem Monat bis zu 2,8 kg abnehmen. Stark Übergewichtige schaffen bis zu 9 kg, in mittelschweren Fällen etwa 5,8 kg.

- ▶ Der Tee entgiftet und entschlackt den Organismus.
- ▶ Fette Speisen werden besser vertragen, das Fett wird schneller abgebaut.
- ▶ Alkohol wird im Körper schneller abgebaut.
- ▶ Zu hohe Cholesterinwerte werden gesenkt.
- ▶ Zu hohe Harnsäurewerte werden gesenkt, falls man zuviel Fleisch isst.
- ▶ Verdauungsbeschwerden werden rasch gelindert.
- ▶ Die Gehirntätigkeit wird gefördert.
- ▶ Schwache Nerven werden gestärkt.
- ▶ Depressive Verstimmungen nach hoher Stressbelastung werden aufgehellt.

Dies erklärt sich aus der Anregung für den Leberstoffwechsel, der auch den Alkohol im Körper schneller abbaut. Es gibt aber, abgesehen von der Entfettung, auch noch andere positive Wirkungen des Pu-Erh-Tees. Wer ihn regelmäßig trinkt, kann überhöhte Werte schädlicher Cholesterine senken. Fette Speisen werden besser vertragen, weil das Fett schneller abgebaut wird. Zu hohe Harnsäurewerte werden abgesenkt, wenn zuviel Fleisch gegessen wurde. Verdauungsbeschwerden werden gelindert, Durchfall wird rasch beendet.

Selbst im nervlichen Bereich sind die guten Wirkungen von Pu-Erh-Tee spürbar. Depressive Verstimmungen werden gemildert, und die Arbeit des Gehirns wird aktiviert, obwohl nur sehr wenig Koffein in diesem Tee enthalten ist. Er beugt Infektionen vor und stabilisiert damit ganz allgemein die Gesundheit.

Rot, weiß, schwarz – besondere Teesorten

Zubereitung

Anders als der grüne Tee wird der Pu-Erh-Tee mit sprudelnd kochendem Wasser überbrüht, und zwar drei bis fünf Teelöffel mit einem Liter. Darin lässt man den Tee zwei bis fünf Minuten lang zugedeckt ziehen, bevor abgeseiht wird. Derselbe Tee kann drei- bis viermal neu aufgebrüht werden und behält trotzdem seine guten Wirkungen. Nach Belieben kann er mit Honig gesüßt werden. Über den Tag verteilt kann man bis zu fünf Tassen trinken.

Rezepte mit Pu-Erh-Tee

Pu-Erh-Tee mit Pfefferminze

Für 2 Tassen

1/2 TL Pu-Erh-Tee
1/2 TL Pfefferminztee
250 ml Wasser
1/2 TL grüner Tee

Den Pu-Erh-Tee mit dem Pfefferminztee mischen und mit dem heißen Wasser überbrühen. 3 Minuten ziehen lassen. Dann grünen Tee dazugeben und alles weitere 2 Minuten ziehen lassen.

Pu-Erh-Tee mit Pfefferminze und Kamille

Für 3 Tassen

1/2 TL Pfefferminztee
1/2 TL Kamillentee
1 TL Pu-Erh-Tee
500 ml Wasser
1 TL grüner Tee

Den Pfefferminztee mit dem Kamillentee und dem Pu-Erh-Tee vermischen, dann mit dem Wasser aufbrühen. 3 Minuten in einem abgedeckten Gefäß ziehen lassen. Den grünen Tee hinzugeben und alles noch 2 Minuten ziehen lassen.

Pu-Erh-Tee mit Pfefferminze und Milch

Für 2 Tassen

1 TL Pu-Erh-Tee
1 TL Pfefferminztee
250 ml Milch (Reis- oder Sojamilch eignen sich auch)

Die Pu-Erh- und die Pfefferminz-Teeblätter mit der Milch überbrühen. Das Ganze etwa 5 Minuten ziehen lassen, anschließend abseihen.

Pu-Erh-Tee mit Stiefmütterchen

Für 4 Tassen

1–4 TL Pu-Erh-Tee
500 ml Wasser
1 TL Stiefmütterchenblätter
250 ml Wasser
etwas flüssiger Honig

Den Pu-Erh-Tee aufbrühen und 5 Minuten ziehen lassen. Halb so viel Stiefmütterchentee zubereiten und ebenfalls 5 Minuten ziehen lassen. Anschließend die beiden Teesorten zusammengießen und mit Honig süßen.

Der weiße Tee

Eine ausgesprochene Spezialität unter den chinesischen Tees ist der weiße Tee, welcher hauptsächlich in hohen Bergregionen Fujians im südlichen China wächst. Er bietet das süße Aroma frischer Teeblätter, weil er nur ganz leicht anfermentiert wird, indem man ihn langsam und schonend anwelken lässt. Außerdem verwendet man nur die zarten, aber festen Knospen, die mit silbrigen Härchen besetzt sind. Diese sowie das erfrischende Aroma und der lieblich süße Geschmack machen diesen Tee so überaus wertvoll.

Am qualitätvollsten ist die Sorte „Silver Tip Pekoe" bzw. „Flowery Pekoe", die von der großen weißen Cha-Pflanze stammen, ebenso wie „Pai Nu Tan". Verwendet werden dafür lediglich die ersten beiden Blätter, die leicht gedämpft werden und deshalb nicht gerollt sind; nur die Blattränder sind leicht gekräuselt. Der Tee sieht aufgebrüht gelblich orangefarben aus und besitzt ein zartes, angenehmes Aroma. Weißer Tee wird nach traditionellen Methoden handgearbeitet und liegt im Geschmack zwischen grünem und halbfermentiertem Tee.

Der schwarze Tee

Ebenso wie der Tabak wird auch schwarzer Tee bei der Herstellung fermentiert. Damit dieser chemische Vorgang möglichst ungehindert verlaufen kann, werden die Teeblätter in erwärmter Luft vorgetrocknet, bis sie gewelkt sind, und danach gerollt. Dabei treten die vorher geschützten Zellteile an die Oberfläche. So vorbereitet, kommen die Blätter in den Ofen, wo sie rund 30 Minuten lang einer Temperatur bis zu 80 °C ausgesetzt sind. In dieser Hitze gehen fast alle wichtigen Vitamine, vor allem das Vitamin C, total und etwa zehn Prozent der Gerbstoffe verloren. Da das Koffein weitgehend unverändert bleibt, aber nicht mehr von den Gerbsäuren gebremst

Rot, weiß, schwarz – besondere Teesorten

wird, kann es sich im Körper schneller und aggressiver auswirken. Beim Fermentieren entstehen Teeöle, die sich aus Catechinen und anderen Stoffen zusammensetzen. Sie sorgen für die typisch bräunliche Farbe des aufgebrühten Tees. Obwohl der schwarze Tee keine therapeutisch wertvollen Inhaltsstoffe mehr besitzt, genießen ihn ganze Völker wie die Engländer und Ostfriesen täglich, nahezu zeremoniell als Fünf-Uhr-Tee. Ein Grund dafür dürfte sein, dass er behutsamer als Kaffee erfrischt.

Allein in Indien kennt man über 400 Arten von schwarzem Tee, die meist aromatisiert sind. Der meistgetrunkene Assam-Tee schmeckt herb-würzig und wird deshalb in vielen Mischungen verwendet. Hierzulande ist er besonders in Ostfriesland beliebt, da er sich gut mit dem kalkarmen Wasser in Küstennähe verträgt. Mit Kandiszucker und Sahne ist er mit Abstand das beliebteste Getränk dieses Landstrichs.

Englische Teemischungen enthalten ebenfalls Assam-Tee, dazu aber Darjeeling aus dem Hochland an den Südhängen des Himalajas. Dieses sind die feinsten Teesorten überhaupt, weil die dortigen niedrigen lokalen Nachttemperaturen das Wachstum der Sträucher verzögern. Deshalb wird nach dem Winter erstmals geerntet; der „First Flush".

Sein Geschmack ist zart, frisch, blumig. Erst im Sommer kommt das volle Aroma zum Vorschein, der „Second Flush" ist also kräftiger. In den Mischungen sind ferner Ceylon-Tees enthalten, die sich ebenso wie die anderen gut mit Sahne und Milch vertragen.

Kombucha-Tee

Hierbei handelt es sich um ein absolut exotisches Getränk aus Essigsäurebakterien und Hefepilzen, das auch Roter Teepilz genannt wird. Im alten China soll er schon während der Han-Dynastie (206 v. Chr.–220 n. Chr.) als Heilmittel getrunken worden sein.

Um die Entstehung seines eigentümlich klingenden Namens ranken sich zahlreiche Geschichten. Hier sollen nur die zwei glaubhaftesten wiedergegeben werden: Als der japanische Kaiser Inkyo um 400 n. Chr. an einer Magenkrankheit litt, besuchte ihn der Wanderarzt Kombu aus Korea. Er bereitete dem kranken Kaiser einen Trunk aus dem wundersamen Teepilz und schaffte es tatsächlich, Inkyo damit zu heilen. Als Dank benannte der Kaiser dann den Tee nach diesem Arzt „Kombucha" (japan. *tscha* = Tee).

Einer anderen Legende nach bekam dieser Tee seinen Namen in Russland. Seit

Alles Wissenswerte über Tee

jeher erfreut sich dort das Teetrinken größter Beliebtheit. Früher konnten sich jedoch viele Russen den teuren schwarzen Tee aus China nicht leisten. Als Ersatz tranken sie daher einen Tee, den sie aus einer Braunalge mit dem wissenschaftlichen Namen *Laminaria japonica* zubereiteten. Auf japanisch heißt diese Alge „Conbu", und für den aus ihr gewonnenen Tee entstand so der Name „Conbu-Cha", woraus dann später Kombucha wurde. In Russland kam der Tee durch Zufall mit Bakterien und Pilzen in Kontakt. Das nutzten die Russen und vergoren den Tee zu einem ganz neuen Getränk, dessen Geschmack an Apfelwein erinnert.

Herkunft aus dem Meer

Auch die taiwanesische Bezeichnung „K'un-Pu-chà" für den Tee bezeugt seine Herkunft aus dem Meer. Sie bedeutet soviel wie „Leben-das-aus-dem-Meer-stieg-Tee". Kombucha wird heute nicht nur der fertige Tee genannt, sondern auch der Teepilz.

Nicht nur in östlichen Ländern ist dieser Tee sehr verbreitet; neuerdings wird er auch hierzulande begeistert aufgenommen. Erstmals gab es am Anfang des 20. Jahrhunderts einen deutschen Bericht über die Verwendung des Kombucha als Heilmittel im Baltikum. Bald darauf wurde er in den südosteuropäischen Ländern bekannt. Über Polen, Sachsen, Schlesien und Dänemark kam er schließlich auch nach Mitteleuropa. In der Zeit des Zweiten Weltkriegs und kurz danach verlor Kombucha an Popularität, doch bereits Mitte der Fünfzigerjahre war das Getränk in der italienischen High-Society sehr beliebt. Auch in Spanien und Frankreich genoss man den köstlichen Geschmack der Kombucha, während sich in Deutschland nur einige Naturheilkundler mit dem Tee befassten.

Seine Wiederentdeckung bei uns verdankt er dem Arzt Dr. Rudolf Sklenar (1912–1987). Während er sich als Truppenarzt in Russland aufhielt, erfuhr er, wie die dortigen Bauern Kombucha als Heilmittel verwendeten. Einige Jahre später erforschte er selbst in seiner eigenen Praxis die heilenden Wirkungen des Tees. Die Ergebnisse veröffentlichte er in den Sechzigerjahren und trug somit wesentlich zur weiteren Verbreitung der Kombucha bei. Er erkannte ihn als Heilmittel gegen die verschiedensten Stoffwechselkrankheiten, wie zum Beispiel Magen-Darm-Beschwerden und Diabetes. Eine heilende Wirkung bei Krebserkrankungen ist ihm zwar zugesprochen worden, konnte jedoch noch nicht bewiesen werden.

Rot, weiß, schwarz – besondere Teesorten

Kombucha ist trotz der Ähnlichkeiten im Aussehen weder eine Flechte noch ein Schwamm. Eine Flechte ist eine Lebensgemeinschaft aus Algen und Pilzen, wobei der Pilz Salzwasser und Mineralien für die Alge liefert, während diese durch Photosynthese Zucker für den Pilz erzeugt. Zu diesem Prozess ist die Alge der Kombucha allerdings nicht fähig, und deshalb ist sie auch keine Flechte. Sie ist vielmehr eine Lebensgemeinschaft aus Hefezellen und Bakterien. Die Hefen verwandeln den Zucker in Alkohol und Kohlendioxid, während die Bakterien den Alkohol verarbeiten und dabei Säuren (besonders Essigsäure) produzieren. Diesem sauren Milieu hat sich die Hefe bestens angepasst, und Krankheitserreger haben darin keine Überlebenschance. Außerdem erzeugen die Bakterien Traubenzucker, Fruchtzucker und Zellulose. Die scheibenförmige Struktur von Kombucha besteht aus dieser Zellulose, und sie wächst somit unentwegt.

Für die heilende Wirkung am wichtigsten ist die Glukuronsäure. Sie wird normalerweise in der Leber produziert und sorgt für die Entgiftung des Körpers von schädlichen Stoffen wie Umweltgiften, Alkohol, Nikotin u. a. Die mit der Kombucha zugeführte Glukuronsäure unterstützt die Tätigkeit der körpereigenen Säure positiv. Die auch in Milchprodukten vorkommende rechtsdrehende Milchsäure regt die Darmtätigkeit an – daher die leicht abführende Wirkung des Tees –, erhält die Darmflora gesund und belebt außerdem die Hirn- sowie die Muskeltätigkeit. Die Kohlensäure und viele Fruchtsäuren geben der Kombucha ein frisches, fruchtiges Aroma. Die im Tee zahlreich vorkommenden Hefezellen unterstützen die Darmflora. Zudem pflegen sie bei äußerlicher Anwendung die Haut. Der geringe Alkoholgehalt von 0,5–1 % fördert die Durchblutung, sofern man Kombucha in Maßen genießt. Nicht zuletzt regen die

Die Inhaltsstoffe von Kombucha

Die vielen heilsamen Wirkungen des Teepilzes sind vor allem bei regelmäßigem Genuss zu spüren und beruhen auf seinen zahlreichen hochwertigen Inhaltsstoffen. Kombucha enthält:

- ▶ Organische Säuren (z. B.: Essigsäure, Glukuronsäure und Milchsäure),
- ▶ Polysaccharide,
- ▶ Enzyme,
- ▶ Hefen,
- ▶ Vitamine,
- ▶ Mineralien,
- ▶ Alkohol und
- ▶ Koffein.

Polysaccharide (Mehrfachzucker) das Immunsystem an.

Kombucha kann man fertig als Getränk kaufen, oder man bereitet sie zu Hause selbst zu. Den Pilz kann man bei Hobby-Kombuchazüchtern oder in der Apotheke erhalten. Am häufigsten wird der Teepilz mit gezuckertem schwarzem Tee angesetzt; die Japaner verwenden jedoch seit jeher Grüntee zur Gärung. Kombucha kann also ganz nach Belieben mit jeder Teesorte angesetzt werden, sogar mit Kräuter- und Fruchttees. Wenn man grünen oder schwarzen Tee verwendet, sollte man darauf achten, ihn nicht zu lange ziehen zu lassen, damit nicht so viele Gerbstoffe frei werden. Auf aromatisierte Tees sollte man lieber verzichten, weil sich die Aromastoffe schädlich auf den Teepilz auswirken können. Das Koffein von grünem, schwarzem und Mate-Tee verstärkt seine Wirkung.

Zubereitung

Für die Zubereitung braucht man einen lauwarmen Tee, der mit Zucker gesüßt wurde. Man gibt ihn zusammen mit einem Kombucha-Teepilz und einer Tasse fertig vergorener Ansatzflüssigkeit in ein Gärgefäß. Das Gefäß nur mit einem Tuch abdecken und bei Tageslicht an einem warmen Ort acht bis zehn Tage gären lassen (je länger er gärt, desto saurer wird er). Danach den Pilz herausnehmen und das Getränk durch ein Sieb gießen. Es kann im Kühlschrank zwei bis drei Wochen aufbewahrt werden und schmeckt am besten gekühlt.

Kombucha ist ein sehr gesundes Getränk ohne Nebenwirkungen. Seine volle gesundheitsfördernde Wirkung entfaltet es aber erst, wenn es über einen langen Zeitraum (etwa vier bis sechs Wochen) hinweg regelmäßig getrunken wird. Bis vier Gläser pro Tag sind zu empfehlen.

Rezepte mit Kombucha-Tee

Lemon-Kombucha

Für 2 Gläser

200 ml Kombucha von Schwarztee
200 ml Mineralwasser mit Kohlensäure
Saft von 2 Zitronen
Eiswürfel
2 Zitronenscheiben
frische Zitronenmelisseblätter

Den Kombucha-Tee, das Mineralwasser und den Zitronensaft in einem Krug gut verrühren. Das Getränk in Gläser gießen, Eiswürfel dazugeben und anschlie-

Rot, weiß, schwarz – besondere Teesorten

ßend mit Zitronenmelisseblättern sowie Zitronenscheiben garnieren.

Melonen-Kombucha

Für 4 Gläser

½ Honigmelone
500 ml Kombucha-Tee
8 Eiswürfel

Die Melone schälen, in Würfel schneiden und pürieren. Den Tee hinzufügen und gut verrühren. In Gläsern mit Eiswürfeln und Melonenstückchen servieren.

Kombucha à la Tropicana

Für 2 Gläser

200 ml Kombucha-Tee
100 ml Ananassaft
100 ml Papayasaft
1 in Scheiben geschnittene Kiwi
1 Ananasscheibe in Stücken

Den Kombucha-Tee mit den Säften gut vermischen. Das Getränk in Gläser gießen, die Kiwischeiben dazugeben und mit Ananasstückchen garnieren.

Sekt-Kombucha

Für 1 Liter

700 ml Kombucha-Tee
300 ml Sekt
Limettenscheiben

Den Kombucha-Tee gut mit dem Sekt verrühren. In Gläsern servieren und mit den Limettenscheiben garnieren.

Kombucha-Erdbeer-Flip

Für 2 Gläser

250 ml Kombucha-Tee
100 ml weißer Rum
1 Schuss Erdbeerlikör
6 tiefgefrorene Erdbeeren

Den Kombucha-Tee mit Rum und dem Erdbeerlikör mischen. Pro Glas drei gefrorene Kirschen zugeben.

Alles Wissenswerte über Tee

Lapacho-Tee

Der Lapacho-Tee ist nach dem südamerikanischen Lapachobaum benannt, aus dessen rotbrauner Rinde schon die Inkas einen belebenden und heilenden Tee zu brauen wussten. Dieser Baum mit dem wissenschaftlichen Namen *Tabebuia avellanedae* ist eine Fleisch fressende Pflanze, die mit ihren trompetenförmigen Blüten Insekten fängt, und wird deswegen von den Indianern auch „Baum des Lebens" genannt.

Noch heute trinken sie den Lapacho-Tee als Heilmittel gegen viele Krankheiten. In der Tat enthält die außen graue, glatte und innen rotbraune Rinde zahlreiche Minerale und Spurenelemente, die das Immunsystem stärken. Ein Kilogramm Lapacho-Rinde enthält zum Beispiel 180 mg Kalium, 250 mg Eisen und 50 g Kalzium. Allerdings wird nur die innere Rinde, die nach Vanille riecht, für den Tee verwendet. Außer diesen Mineralien enthält der Tee aber auch seltene Spurenelemente, wertvolle Flavonoide und weitere heilsame Substanzen.

Lapacho-Tee weist einen besonders hohen Gerbstoffgehalt auf, nämlich bis zu 18 %; darin begründet liegt seine außerordentliche Heilwirkung bei Verdauungsbeschwerden sowie bei Haut- und Schleimhauterkrankungen. Außerdem lassen sich in der Rinde seltene Verbindungen wie Lapachol und Naphthochinone, die das Immunsystem stärken, Vanillin sowie Anisalsehyd nachweisen.

Die Inhaltsstoffe der Lapachorinde

Neben Flavonoiden, Saponinen, Chinonen, Gerbstoffen sowie etwa 20 seltene Verbindungen, darunter Lapachol, Vanillin, Vanillinsäure und Anisaldehyd sowie die Gruppe der Naphthochinone, die das Immunsystem stimulieren enthält die Lapachorinde folgende Inhaltstoffe:

Mineralstoffe:
- Chlor
- Kalium
- Kalzium
- Magnesium
- Natrium
- Phosphor

Spurenelemente
- Chrom
- Eisen
- Flour
- Jod
- Kobalt
- Kupfer
- Mangan
- Selen
- Silizium
- Zink

Das Lapachol befindet sich vor allem in den Gefäßen des Holzes, doch die kleinen Mengen in der Rinde genügen vollauf, um beachtliche Heilwirkungen zu erzielen.

Zubereitung

Im Unterschied zu Teeblättern gibt Rinde nicht so schnell ihre Wirkstoffe frei. Der Lapacho-Tee muss daher erst einige Zeit köcheln und anschließend recht lange ziehen. Pro Liter Wasser nimmt man einen gehäuften Esslöffel Lapacho-Rinde. Das Wasser zunächst in einem Topf aufkochen lassen, dann erst die Rinde dazugeben und den Tee zugedeckt 5 Minuten lang bei schwacher Hitze kochen lassen. Anschließend den Tee noch 20–25 Minuten zugedeckt ohne Hitzezufuhr stehen lassen. Beim Abseihen darauf achten, dass keine Rindenteilchen im Tee bleiben, weil er sonst zu bitter schmeckt. Man kann dem Tee Zucker, Honig, Milch, Zitronensaft oder Sahne zufügen. Sogar kalt oder mit Fruchtsaft vermischt ist Lapacho-Tee ein Genuss. Der Tee enthält kein Koffein und kann rund um die Uhr genossen werden.

Lapacho-Tee wendet man nicht nur innerlich in Form von Heiltee, Tabletten und Elixieren an, sondern auch äußerlich als Bad, Spülung und Packung.

Rezepte mit Lapacho-Tee

Würziger Lapacho-Tee

Für 5 Tassen
1 l Wasser
1 gehäufter EL Lapacho-Rinde
5 TL flüssiger Honig
2 TL Pfeffer
2 TL Zimt
100 ml Sahne

Den Tee mit dem Wasser zubereiten. In den noch heißen Tee zuerst den Honig, den Pfeffer und den Zimt einrühren, zuletzt die Sahne hinzufügen.

Lapacho-Birnen-Tee

Für 5 Tassen
1 l Wasser
1 EL Lapacho-Rinde
2 klein geschnittene Birnen
5 EL geschlagene Sahne
Kakaopulver

Das Wasser zum Kochen bringen, dann den Tee sowie die Birnenstücke hinzufügen und bei schwacher Hitze 5 Minuten köcheln lassen. Anschließend 15 Minuten abgedeckt ziehen lassen. Nach dem Abseihen den Tee in Tassen füllen und nach Belieben mit Sahne und Kakaopulver garnieren.

Lapacho-Bowle à la Tropicana

Für 2 Liter

1 EL Lapacho-Rinde
1 l Wasser
500 ml Orangensaft
500 ml Ananassaft
6 Bananen
Apfelsaft

Den Lapacho-Tee mit dem Wasser kochen und ziehen lassen. Wenn er abgekühlt ist, den Orangen- sowie den Ananassaft zum Tee geben und alles gut verrühren. Die Bananen in kleine Stücke schneiden und hinzufügen. Zum Süßen nach Belieben Apfelsaft zufügen.

Sommerbrise

Für 2 Liter

2 EL Lapacho-Rinde
2 l Wasser
flüssiger Honig
6 Nektarinen
4 EL Sanddornnektar
500 ml Mineralwasser mit Kohlensäure
10 Scheiben von unbehandelten Zitronen

Den Lapacho-Tee zubereiten, mit Honig süßen und abkühlen lassen. Die Nektarinen in kleine Würfel schneiden und in den Tee geben. Den Sanddornnektar und das Mineralwasser dazugießen und alles gut verrühren. Das Getränk in Gläsern servieren und mit den Zitronenscheiben garnieren.

Mate-Tee

Auch wenn die Inkas einst ein Gefäß, aus dem sie Tee tranken, „Mate" nannten, bezeichnet der Name heute die Pflanze, deren Blätter die Basis für den Mate-Tee bilden, die Stechpalme *Ilex paraguariensis*. Sie stammt aus Paraguay; der aus ihr gewonnene Tee ist aber in ganz Südamerika Nationalgetränk. Die Mate-Stechpalme ist ein Baum mit grauweißer Rinde und ledrigen Blättern. Sie wird bis zu 14 Meter hoch und erinnert an eine Birke. Missionare begannen mit dem systematischen Anbau der immergrünen Pflanze in Südamerika und taten somit den ersten Schritt zu einem blühenden Handel mit den Teeblättern.

Um diese aus der Pflanze zu gewinnen, werden deren Zweigenden abgeschlagen und die daran hängenden Blätter über einem Holzfeuer erhitzt. Bei diesem Vorgang entwickeln sich die typischen Aromastoffe des Mate-Tees, und die Blatten-

Rot, weiß, schwarz – besondere Teesorten

zyme werden zerstört. Die Teeblätter sind dann sofort für den Aufguss bereit. Beim gerösteten Mate-Tee sind die Blätter zuerst fermentiert und anschließend geröstet worden. In Südamerika gibt es sogar ein ganz spezielles Mate-Ritual, das von den Gauchos ausgeübt wird: Die Teeblätter werden in einen hohlen Flaschenkürbis gestopft, der als Trinkgefäß dient. Darin wird zunächst ein erster Aufguss mit lauwarmem Wasser bereitet. Dieser wird mit einem Trinkröhrchen herausgesaugt, da er ungenießbar ist. Der zweite Aufguss wird mit heißem Wasser aufgebrüht. Der Flaschenkürbis macht unter den Gauchos die Runde, wobei jeder einen Schluck Tee mit dem Trinkröhrchen zu sich nimmt. Die Zeremonie kann Stunden dauern, da der Tee immer wieder mit heißem Wasser aufgegossen werden kann.

Der Mate-Tee enthält bis zu 1,5 % Koffein und verwandte Stoffe wie Theobromin und Thephyllin. Sie bewirken eine Entspannung der Bronchien, was Asthmatiker sehr zu schätzen wissen. Zudem hat der Tee eine leicht abführende Wirkung. Weiterhin enthält der Tee Magnesium, Mangan, Kalium, Chlorogensäure, Rutin, Vitamin A, Vitamine B_1, B_2, B_3, B_5, B_6 und Vitamin C.

Zubereitung

Für 1 Liter heißes Wasser benötigt man 3 Teelöffel Mate-Blätter. Den aufgebrühten Tee lässt man 5–10 Minuten stehen und seiht dann ab. Beim ersten Aufguss wird heißes, aber nicht mehr kochendes Wasser verwendet. Da der erste Aufguss oft sehr bitter schmeckt, empfiehlt es sich, ihn wegzuschütten und erst den zweiten zu trinken. Je länger der Tee zieht, desto intensiver wird er im Geschmack.

In einem gut sortierten Teefachgeschäft sind das traditionelle Trinkgefäß, die Cuia, und auch das Trinkröhrchen, die Bombilla, erhältlich. Am unteren Ende dieses Röhrchens befindet sich ein Siebaufsatz, der verhindert, dass der Teesatz mitgetrunken wird.

Mate-Tee kann mit Zitrone, Milch oder Honig getrunken werden. Er schmeckt auch kalt und mit Schwarztee, Kombucha oder Alkohol gemischt. Die im Tee enthaltenen Gerbstoffe lindern Verdauungsbeschwerden und Magenschmerzen; außerdem wirkt er vorzüglich als Appetitzügler und kann somit unterstützend während einer Diät getrunken werden.

Alles Wissenswerte über Tee

Grüner Tee – die wichtigsten Sorten

Über 1000 Sorten von grünem Tee sind heute erhältlich. Sie stammen vor allem aus China und Japan, aber auch aus Taiwan, Indien und Sri Lanka. Die Unterschiede im Geschmack entstehen nicht nur durch die Anbaugebiete mit ihren verschiedenen Böden und klimatischen Bedingungen sowie durch Züchtungen, sondern auch durch den Zeitpunkt und die Art des Pflückens, die Auswahl der Blätter und die Verarbeitung. Die bekanntesten Teesorten möchten wir Ihnen im Folgenden vorstellen.

Der **Assam** wächst auf den Hochebenen Nordindiens an den Ufern des Brahmaputra. Er wird zwischen April und Juni geerntet, wird meist schwarz fermentiert und sieht aufgegossen honiggelb aus, schmeckt leicht würzig, fein herb und ist erfrischend. Er ist aber auch als grüner Tee zu bekommen, der aufgegossen ebenfalls honiggelb aussieht.
▶ Grüner Assam wird mit 70 bis 75 Grad heißem Wasser aufgegossen.

Bancha (übersetzt „Großblatt-Tee") ist der in seinem Ursprungsland Japan am häufigsten getrunkene Tee, kommt aber auch aus China und Taiwan. Sein Geschmack ist herb, frisch und leicht süßlich. Er ähnelt in der Verarbeitung dem Sencha. Da die Blätter erst zum Ende der Saison geerntet werden, sind sie dicker und enthalten verhältnismäßig wenig Koffein. Daher ist diese Teesorte auch für Kinder, ältere Menschen und als Abendgetränk zu empfehlen.
▶ Bancha wird mit 75 bis 80 Grad heißem Wasser zubereitet.

Der japanische **Buddha-Tee** ist eine Rarität, die bei uns eher selten zu finden ist. Er stammt vom selben Teestrauch wie der Sencha und schmeckt nach Süßholz.
▶ Das zarte Aroma wird durch den Aufguss mit auf 60 Grad abgekühltes Wasser erhalten.

Chun Mee oder **Chun Mao** (übersetzt „schöne Augenbrauen") wird in China sowie Taiwan erzeugt und gilt als Alltagstee. Er schmeckt gut, erfrischend leicht und herb. Sein Aufguss färbt sich gelblich grün und ist gut bekömmlich.

Grüner Tee – die wichtigsten Sorten

Wenn Ihnen sein Geschmack zu bitter ist, schütten Sie den ersten Aufguss einfach fort.
▶ Dieser Tee sollte mit 70 bis 75 Grad heißem Wasser aufgegossen werden.

Einer der bekanntesten schwarzen Tees, **Darjeeling**, ist auch als Grüntee erhältlich. Er wächst an den südlichen Hängen des Himalaja, hat einen blumig-fruchtigen Geschmack und färbt sich aufgegossen schwach gelb. Darjeeling stammt von derselben Teepflanze wie der Assam, schmeckt jedoch leichter. Er gilt als idealer „Einsteiger-Tee".
▶ Die empfohlene Wassertemperatur liegt bei 70 bis 75 Grad.

Flowery Pekoe gehört zu den weißen Teesorten. Er wird in China aus den Knospen der weißen Cha-Pflanze gewonnen und schmeckt erfrischend lieblich. Flowery Pekoe (auch **Silver Tip Pekoe** genannt) ist leider recht teuer, dafür aber auch besonders wohlschmeckend.
▶ Er wird mit circa 60 Grad heißem Wasser zubereitet.

Green Monkey ist ein erfrischender Tee aus China. Er wird im Frühjahr traditionell mit zwei Blättern und einer Knospe geerntet. Feiner und nussiger im Geschmack als der „grüne Affe" ist **Green Pekoe**. Er wird ebenfalls im Frühjahr gepflückt, allerdings wenn die Blätter sowie Knospen noch ganz jung und zart sind.
▶ Beide Teesorten werden im Idealfall mit 60 bis 65 Grad heißem Wasser aufgegossen.

Green Rock Snail ist ein Tee aus China mit lieblich-zartem Geschmack, der nur aus feinsten Blättern und Knospen hergestellt wird. Die Teeblätter werden dabei wie kleine Wollknäuel gerollt, die sich beim Übergießen wieder entrollen.
▶ Dieser Tee sollte mit 75 bis 80 Grad heißem Wasser aufgegossen werden.

Gunpowder („Schießpulver") ist eine exotische Grüntee-Variante aus China und Taiwan, bei der die Teeblätter nach dem Dämpfen zu kleinen Kügelchen gerollt werden, die beim ersten Aufguss knistern (daher der Name). Je feiner die Kügelchen gerollt sind, desto höher ist die Qualität des Tees. Gunpowder ist heute wohl die beliebteste grüne Teesorte. Der erste Aufguss ist wegen des hohen Koffeingehalts im Allgemeinen bitter; der zweite und dritte Aufguss dagegen schmecken klar, frisch und herb. Die Färbung ist gelblich grün.
▶ Bereiten Sie Gunpowder mit 70 bis 75 Grad heißem Wasser zu.

Eine rare chinesische Tee-Spezialität ist **Gu Zhang Mao Jian** aus den Wuji-Bergen. Er wird nur an zehn Tagen im

Alles Wissenswerte über Tee

Frühjahr geerntet und leicht fermentiert. Sein Geschmack wird als schwach süßlich angepriesen mit einem Hauch von Kastanie.
▶ Die Farbe des Aufgusses (70 bis 75 Grad) ist goldgelb bis kräftig grün.

Gyokuro (übersetzt „edler Tautropfen") wächst in Japan am besten im Schatten von Laubbäumen. Er gilt dort als die edelste Teesorte und wird nur zu besonderen Anlässen getrunken, was sich deutlich im Preis niederschlägt. Geerntet wird nur einmal jährlich Anfang Mai. Es werden ausschließlich die ersten zarten und weichen Triebe verwendet, die wenig Gerbstoffe enthalten. Der Tee schmeckt daher etwas süßlich. Dafür ist der Gehalt an Koffein relativ hoch, sodass der Tee stark anregend wirkt. Die Färbung des Aufgusses ist grünlich gelb bis tiefgrün.
▶ Um sein edles Aroma voll zur Entfaltung zu bringen, wird der Tee idealerweise mit 50 bis 60 Grad heißem Wasser aufgegossen.

Hojicha aus Japan ist ein Bancha-Tee, der ganz leicht ofengeröstet wurde. Dadurch ist er würziger als jener und enthält nur noch wenig Koffein. Seine Farbe ist gold- bis hellbraun, der Geschmack leicht salzig mit einem Hauch von Süße.
▶ Hojicha wird mit 70 bis 80 Grad heißem Wasser zubereitet.

Ein zart-fruchtiger traditioneller Tee aus China ist **Huo Cha Huang Ya**, der bereits am dortigen Kaiserhof getrunken wurde. Die Chinesen nennen ihn „Zunge des Vogels", da seine Blätter kurz und spiralförmig gedreht sind. Der edle Tee ist hierzulande selten zu finden.
▶ Er wird mit circa 75 Grad heißem Wasser aufgegossen.

Hyson (übersetzt „vor dem Regen") aus Zhejiang im südöstlichen China wird als einer der würzigsten Grüntees bezeichnet, vermutlich weil er von wilden Teesträuchern stammt. Der Aufguss färbt sich hell grüngelb und schmeckt aromatischer als viele anderen grünen Tees.
▶ Er wird mit 70 bis 75 Grad heißem Wasser zubereitet, um seinen Geschmack am besten zur Geltung zu bringen.

Zu einer Teerose gebunden werden 50 und mehr Triebe, die als **Ju Hua Cha** im Fachhandel zu haben sind. Diese Variante stammt aus Südchina und hat als Aufguss eine hellgelbe Farbe. Die Rose bleibt in der Teekanne und kann bis zu viermal aufgegossen werden. Das Getränk schmeckt angenehm mild und ist besonders magenfreundlich. Wegen seiner ungewöhnlichen Form eignet er sich auch besonders gut als Geschenk.
▶ Als Wassertemperatur werden 60 bis 65 Grad empfohlen.

Grüner Tee – die wichtigsten Sorten

Kokeicha (übersetzt „gepresster Tee") wird in Japan zu Pulver gerieben und mit Reisstärke zu Stäbchen gepresst, die in ihrer Form Tannennadeln ähnlich sind.
▶ Er sollte mit 60 bis 65 Grad heißem Wasser überbrüht werden und nur ganz kurz ziehen, bis sich der Aufguss hellgelb gefärbt hat. Der Tee schmeckt angenehm weich und leicht.

Kukicha stammt vom selben Strauch wie der Sencha. Zu seiner Herstellung werden neben den Blättern jedoch auch die Stängel und Blattrippen verwendet. Kukicha ist ein milder, leichter Tee mit wenig Gerbstoffen und Koffein. Er schmeckt feinherb sowie frisch und kann auch gut kalt getrunken werden. Die Färbung des Aufgusses ist hellgelb.
▶ Bereiten Sie ihn mit circa 70 Grad heißem Wasser zu.

Lung Ching (übersetzt „Drachenbrunnen") ist wegen seines sanften Geschmacks und seines nachhaltig erdigen Aromas einer der bekanntesten und hochwertigsten Chinatees. Der schwach grünliche Aufguss wirkt angenehm kühlend an warmen Tagen und ist auch erkaltet ein Genuss. Lung Ching, der in Taiwan angebaut wird, schmeckt im Allgemeinen kräftiger.
▶ Er wird mit 60 bis 65 Grad heißem Wasser zubereitet.

Lu Shan Wu stammt aus südchinesischen Bergregionen und enthält wenig Koffein. Er ist deswegen leicht bekömmlich. Der leuchtend grüne Aufguss ist wenig bitter und schmeckt erfrischend.
▶ Er wird mit 60 bis 65 Grad heißem Wasser überbrüht.

Mao Feng ist ein hochwertiger Tee aus China. Er schmeckt blumig-mild, aber dennoch kräftig. Die Färbung des Aufgusses ist gelbgrün.
▶ Diese Teesorte sollte mit circa 70 Grad heißem Wasser zubereitet werden.

Im Schatten von Laubbäumen wächst in Japan der **Matcha**, der dort in zeremonieller Weise vor dem Aufgießen zerrieben wird.
▶ Das Pulver wird mit circa 60 Grad heißem Wasser aufgegossen und mit einem Bambusbesen aufgeschäumt. Der Tee wird ohne Ziehzeit sofort getrunken. Die Färbung des Aufgusses ist tiefgrün.

Der bei uns erhältliche Tee ist verhältnismäßig koffeinreich und schmeckt entsprechend herb. Matcha wird für die klassische japanische Tee-Zeremonie verwendet und gehört zu den teuersten Teesorten.

Der chinesische **Mu Dan** wird aus den zartesten Trieben des Teestrauchs gewonnen und in Handarbeit zu Teerosen

Alles Wissenswerte über Tee

zusammengebunden. Die Färbung des Aufgusses ist hellgrün.
▶ Er wird mit 80 Grad heißem Wasser zubereitet.

Oolong-Tees sind halbfermentiert, stehen also zwischen grünem und schwarzem Tee. Nur die Ränder der Teeblätter werden fermentiert, während der Blattkern grün bleibt. In China werden sie deshalb „Schwarzer Drache" (Oolong) genannt. Sie stammen aus der Maiernte und sind entsprechend teuer. In Taiwan werden sie etwas länger geerntet und kürzer fermentiert. Ihr fruchtiger Geschmack hat einen Hauch von Brot und Malz mit dem Duft von frischen Blüten.
▶ Der Aufguss wird mit 60 bis 65 Grad heißem Wasser zubereitet und färbt sich je nach Sorte von Hellgrün und -braun bis zu Orangerot.

Pai Mu Tan ist ein weißer Tee aus China. Sein Aufguss ist hell bis goldgelb. Er schmeckt duftig, blumig, aromatisch und wie alle weißen Tees etwas würziger als grüner Tee. Weißer Tee wird nach uralter Tradition aus verschiedenen Sorten hergestellt und ist nur leicht fermentiert.
▶ Er wird mit 70 Grad heißem Wasser aufgegossen.

Pi Lo Chun („grüne Schnecke des Frühlings") wächst unter Obstbäumen auf Berghängen in Südchina und Taiwan. Die Aromen der Obstblüten übertragen sich so auf die Teesträucher. Es werden jeweils nur die Knospe und das oberste Blatt von Hand gepflückt und die Blätter nach der Verarbeitung zu kleinen Schnecken gerollt.
▶ Der Aufguss wird mit 60 bis 65 Grad heißem Wasser zubereitet. Er färbt sich leuchtend grün und schmeckt fruchtig-aromatisch.

Der japanische **Satsuma-Göttertee** wird als Schattentee in den Teeplantagen der Insel Kyushu in der Region Kagoshima nach ökologischen Richtlinien angebaut. Die Teesträucher werden drei Wochen vor der Ernte mit speziellen Netzen (Kabuse) abgedeckt. Darunter kann das Teeblatt seinen höchsten Wirkstoffgehalt und besten Geschmack entwickeln. Der frisch geerntete und schonend getrocknete Tee wird sofort in aromasichere Verpackungen gefüllt, damit die Wirkstoffe unbeschädigt bleiben. Rückstandskontrollen haben ergeben, dass dieser Tee frei von Rückständen ist. Es handelt sich also um eine biozertifizierte Qualität.
▶ Der Tee wird mit 70 Grad heißem Wasser aufgegossen.

Am liebsten wird in Japan **Sencha** getrunken, der am Fuss des Fudschijama und in China sowie Taiwan speziell für den japanischen Markt angebaut und

Grüner Tee – die wichtigsten Sorten

auf besondere Weise präpariert wird. Die Blätter werden leicht gedämpft, einige Male gerollt, getrocknet und gepresst. Die Qualität des Tees ist einfach festzustellen: Je dunkler die Farbe der Teeblätter, desto besser ist ihre Qualität. Das Aroma des Sencha ist duftig frisch und leicht herb. Bessere Qualitäten besitzen sogar einen Hauch von Süße.

▶ Der Aufguss wird mit circa 70 Grad heißem Wasser zubereitet und erhält eine grünlich gelbe Färbung.

Bei uns wird Sencha in vier unterschiedlichen Geschmacksrichtungen angeboten:

„Sencha Vanille" ist mildwürzig sowie leicht und mit dem Duft echter Bourbon-Vanille angereichert. Da er angenehm wärmt, ist diese Sorte besonders für die kühlere Jahreszeit geeignet.

„Sencha Madame Butterfly" besitzt eine sommerliche Duftnote, die an Pfirsichblüten erinnert. Es ist ein leichter, blumiger Geschmack.

„Sencha Moonlight" hat ebenfalls einen frisch-fruchtigen Charakter mit dem tropischen Aroma und belebenden Duft von karibischer Mango und Ananas.

„Sencha Roter Ginseng" ist feinaromatisch erfrischend, ebenfalls mit fruchtiger Geschmacksrichtung. Als Morgengetränk wirkt er aufmunternd und wird deshalb auch von Kindern gern getrunken.

Unter dem Namen **Thea Viridis** wird grüner Tee aus China, Sri Lanka, Taiwan und Indonesien ohne Herkunftsbezeichnung angeboten. Er ist meist sehr preiswert, aber auch von nicht allzu hoher Qualität.

▶ Er wird mit 70 bis 80 Grad heißem Wasser aufgegossen und ist im Geschmack meistens frisch.

Toucha wird in Japan und China angebaut, gepresst und in Form von Vogelnestern verkauft. „Tou" heißt übersetzt „kleine Bucht am Flusslauf", „cha" bedeutet „Tee". Sein Geschmack ist rauchig, der Aufguss hellgrün. Der Tee ist verdauungsfördernd und ideal als Fasten- und Entschlackungstee geeignet. Diese Sorte ist als schwarzer und grüner Tee erhältlich und besonders lange haltbar.

▶ Die empfohlene Wassertemperatur für den Aufguss liegt bei circa 80 Grad.

Aromatisierte Tees

Die milden grünen Tees verführen dazu, sie mit blumigen, fruchtigen und anderen Geschmacksrichtungen zu aromatisieren. Der Fachbegriff dafür lautet „Scented Tea". Das bekannteste Beispiel ist der chinesische **Jasmintee**. Er wächst auf Teesträuchern hoch in den Bergen, die Blätter werden geröstet und schichtweise mit frischen Jasminblüten belegt. Das geschieht auf Gitterbahnen, die warm belüftet werden. Bis zu sechsmal werden die Blüten gegen frische ausgetauscht, die schon vor Sonnenaufgang gepflückt sein müssen. Sie werden kühl gelagert, bis sie ihr volles Aroma abgeben, und dann mit den Teeblättern vermischt. Jasminblüten kann man von Juni bis September ernten. Trotz dieser aufwendigen Herstellung bietet der Teefachhandel Jasmintee relativ preiswert an. Allerdings sollte man aufpassen, dass man nicht mit künstlichem Jasminaroma versetzten Tee bekommt. Weniger wertvolle Teesorten werden teils mit natürlichen ätherischen Ölen, oft aber auch mit so genannten naturidentischen Ölen oder einfach mit synthetischen Frucht-Estern aromatisiert.

Andere Duftnoten gibt es in Hülle und Fülle. Manchmal werden die Tees lediglich als „aromatisiert" bezeichnet, und man muss raten, womit. In anderen Fällen sagt es der Sortenname, etwa wie bei „Japanische Kirschblüte", einem grünen Tee mit Kirsch-Aroma; „Sencha Pfirsich" ist mit Pfirsich-Aroma versehen, „Sencha Vanille" mit Vanille-Aroma, „Lemon Green" mit Zitronen-Aroma, „Orange Grün" und „Orange Oolong" mit Orangen-Aroma, „Early Grey Green" mit Bergamotte-Aroma usw. Der „Early Green Smoky" ist natürlich ein Rauchtee, der durch Rösten auf harzigem Holz oder künstlich geschmacklich verändert wurde („Lapsong-Souchong"), doch bei anderen Produkten bleibt der Käufer gänzlich im Ungewissen. Wer kann ahnen, womit „Samba Pa-spezial" aromatisiert ist? „Grüner Bratapfel" ist allen Ernstes ein grüner und halbfermentierter Tee, doch mit was er aromatisiert wurde, erschließt sich uns nicht.

Weitere Fachausdrücke

Neben diesen Sortennamen gibt es noch eine ganze Reihe von englischen Fachausdrücken und deren Abkürzungen, die der Teekäufer unbedingt kennen sollte. So heißen *broken* (gebrochen) immer zerschnittene Teeblätter. *BOP (Broken Orange Pekoe)* ist die am weitesten verbreitete Sorte der „broken teas". *Pekoe* oder *Pecco* oder *Pekko* bezeichnen den obersten Austrieb einer Teepflanze, der noch von silbrigen Härchen bedeckt ist. Es sind also keine Blüten, wie man denken könnte, wenn von der weißen Peccoblüte die Rede ist, sondern junge Triebe und Blattspitzen, die auf ihrer Unterseite noch weiß behaart sind. *Orange Pekoe* oder *OP* heißen Teeblätter, die ganz geblieben sind. *FOP* ist der *Flowery Orange Pekoe* mit mehr Knospen. *TGFOP* ist die Abkürzung von *Tippy Golden Flowery Orange* mit noch mehr Knospen, und

Grüner Tee – die wichtigsten Sorten

FBOP ist zerkleinerter *Orange Pekoe* mit weniger Knospen *(Flowery Broken OP)*.

Unter *Blend* oder *Blended Tea* versteht man Teemischungen, *Bread and Butter Tea* wird während der Regenzeit geerntet und ist deshalb qualitativ weniger hochwertig. *High Tea* ist nicht in höheren Regionen gewachsen, sondern bezieht sich auf die englische Teezeit zwischen vier und fünf Uhr nachmittags und wird deshalb auch *Afternoon Tea* genannt, heute meist eher eine Art frühes Abendessen. Dieselbe englische Gewohnheit wird oft auch als *Cream Tea* bezeichnet, weil es dazu Sahne und Kekse gibt. *Garden Tea* ist jedoch keine englische Grüntee-Zeremonie, die im Freien stattfindet, sondern ein besonders hochwertiger Tee, dessen Herkunft bekannt ist.

Keine ganzen Blätter oder Triebe enthalten die *Fannings* aus der zweitkleinsten Aussiebung. *Flowery* ist eine hohe Qualität, die allerdings keine Blüten-, sondern Blattknospen enthält. *First Flush* ist der Frühjahrstrieb, *Second Flush* entsprechend der zweite nach der Regenzeit, und *Autumnal Flush* der herbstliche Trieb. *Flush* allgemein ist der Fachausdruck für jungen Austrieb. *Tip* oder *Tippy* sind die Blattspitzen, die höchste Qualität liefern, wenn nur ein Blatt und eine Knospe von Hand gepflückt werden.

Grüner Tee zum Genießen

Grüner Tee zum Genießen

Einkauf und Lagerung

Haltbarmachung

Grüner Tee wird auf zwei Weisen haltbar gemacht. Zumeist werden die Blätter luftgetrocknet, aber erst, nachdem mit heißem Dampf sichergestellt ist, dass sie nicht fermentieren. Die zweite Methode ist, den Tee zu rösten. Das geschieht bei besseren Sorten in flachen Schalen über offenem Feuer und von Hand bewegt. Die weitaus größte Menge des Grüntees wird innerhalb weniger Stunden nach der Ernte über ein Fließband in eine Dämpfmaschine geschickt, die sie schonend dämpft. Sind die Blätter wieder abgekühlt, werden sie gerollt und getrocknet, geschleudert, abermals getrocknet, wieder gerollt und verpackt.

Für spezielle Sorten werden die Teeblätter gehäckselt, für andere werden sie nachträglich geröstet und geblendet, also mit weiteren Sorten vermischt. Das geschieht heute im Hightech-Japan in hoch computerisierten Maschinen, die als Fließbänder hintereinander stehen. Die Zeitfrage ist hierbei ausgesprochen wichtig, weil der grüne Tee innerhalb eines Tages zum fertigen Produkt verarbeitet und alsbald danach versandt werden muss.

Aufbewahrung

Nach Abschluss der Produktion muss der grüne Tee kühl und dunkel, gut verschlossen und trocken aufbewahrt werden. Nur dann behält er sein gutes Aroma und die volle Wirksamkeit seiner Inhaltsstoffe. Diese gehen allerdings mit der Zeit auch bei optimaler Lagerung langsam verloren. Um das zu bremsen, lagert man den Tee in Dosen aus Keramik oder Porzellan. In diesen sollte niemals etwas anderes als Tee aufbewahrt werden, damit kein Hauch anderer Gerüche in die Teeblätter übergeht. Die Behälter brauchen nur selten ausgewaschen zu werden, doch wenn, dann nie mit einem Spülmittel. Normalerweise genügt es, das Gefäß mit einem Küchentuch auszuwischen. Auf keinen Fall sollte man die Teedose im Kühlschrank aufbewahren. Die unterschiedlichen Gerüche und die Feuchtigkeit darin dringen selbst in gut verschlossene Teedosen und verändern das Aroma – bestimmt nicht zum Besseren. Auch Temperaturunterschiede wirken sich auf den Geschmack aus. Die jeweilige Portion wird erst kurz vor dem Aufgießen mit einem trockenen Löffel aus der Dose entnommen, der nicht darin verbleiben sollte.

Einkauf und Lagerung

Teekauf

Für den Teekauf gibt es einige Regeln, die man zu seinem eigenen Nutzen beherzigen sollte. Weil es vor allem beim ersten Ausprobieren von grünem Tee dazu kommen kann, dass einem sein Geschmack unangenehm ist, empfiehlt es sich, eine möglichst kleine Packung zu kaufen und erst mal zu testen, wie einem die jeweilige Sorte schmeckt. Guter Tee wird meistens luftdicht verpackt angeboten, denn wenn er in Kontakt mit Luft kommt, beginnt er zu oxidieren. Schnuppern Sie, ob das Aroma an frische Heuernte erinnert, zerreiben Sie einige Blätter zwischen den Fingern, um zu prüfen, ob sie zu weich oder zu trocken sind, kauen Sie einige Blätter langsam und gründlich, sie sollen zart und knackig sein. Anstelle dieser Prüfmaßnahmen könnte man auch ganz rigoros empfehlen: Kaufen Sie keinen grünen Tee, der lose aus einer Dose entnommen wurde, sondern immer nur solchen, der luftdicht verpackt ist. Die kleinste Packung ist auch deshalb am geeignetsten, weil bei jeder Öffnung der Teedose ein bisschen Aroma verloren geht.

Preis und Verfallsdatum

Zwei weitere Qualitätsmerkmale sind der Preis und das Verfallsdatum. Letzteres ist in jedem Fall spätestens anderthalb Jahre nach der Ernte überschritten. Wo immer es möglich ist, sollte man sich im Fachhandel vergewissern, dass die Erntezeit nicht länger zurückliegt. Eine kürzere Lagerzeit ist auf alle Fälle besser. Die Preisfrage beantwortet keineswegs immer, wie hochwertig eine Teesorte ist. Es gibt durchaus passable Sorten bereits ab vier Mark für 100 Gramm, und es ist keineswegs gesagt, dass dieselbe Menge für zehn Mark besser schmeckt, im Gegenteil: Über den Geschmack lässt sich nicht streiten, hier gilt einzig und allein das Probieren. Geschmack ist aber auch Gewohnheitssache. Der Autor hat jahrelang immer eine relativ billige Sorte getrunken und war damit hoch zufrieden. Das änderte sich erst, als ein Gast aus Japan ein Pfund besten Tees mitbrachte. Die ersten Aufgüsse waren, wie man heute zu sagen pflegt, gewohnheitsbedürftig. Aber dann …

Grüner Tee zum Genießen

Zubehör und Zutaten

Zubehör

Die chinesischen und japanischen Teezeremonien verlangen bis heute, dass das traditionelle Teegeschirr verwendet wird. Wenn in Mitteleuropa eine Tasse grüner Tee aufgegossen wird, ist derlei Zubehör kein Muss. Primär kommt es darauf an, dass das Wasser aufgekocht wird und danach so lange abkühlt, bis die für die jeweilige Teesorte erforderliche Temperatur erreicht wird. Das dauert in der Regel etwa fünf Minuten. In welcher Art von Gefäß das Wasser gekocht wird, spielt keine Rolle.

Wichtiger ist die **Teekanne**. Sie sollte ausschließlich für die Teebereitung benutzt und keinesfalls mit Reinigungsmitteln gespült werden, damit das Aroma des Tees nicht zerstört wird. Mit heißem Wasser ausspülen ist alles, was man der Teekanne zugute kommen lassen sollte. Am besten eignet sich eine Kanne aus Porzellan, aber genausogut ist eine aus Glas. Letztere verbreitet zwar kein fernöstliches Flair, doch kann man bei ihr schön beobachten, wie sich die Teeblätter auf ihre doppelte Größe ausdehnen. Eine bauchige Form eignet sich am besten zur Entfaltung des Aromas.

Die **Größe der Teekanne** sollte sich weniger nach der Optik oder dem persönlichen Geschmack bemessen: Im Idealfall fasst sie nicht mehr als einen halben Liter, damit ein guter Tee in kleinen Mengen, aber sehr kräftig in ihr zubereitet wird.

Grüner Tee wird aus möglichst dünnwandigen **Porzellanschälchen** ohne Henkel oder aus kleinen **Porzellantassen** getrunken. Warum der Tee umso aromatischer schmeckt, je dünner die Gefäßwand ist und wie das auf die Duftnote einwirkt, ist nicht ohne weiteres

Teemengen pro Tassenart

Teetase	Inhalt
große Porzellan-Teetasse	170–200 ml
Tee-Service aus Porzellan	130–150 ml
Japanisches oder chinesisches Teeservice aus feinstem Porzellan	80–120 ml

Zubehör und Zutaten

einsichtig. Eindeutig erwiesen ist dagegen, dass der Aufguss in einem kleinen Tässchen mit entsprechend reduzierter Oberfläche in geringerem Maße der Luft ausgesetzt ist und damit weniger an Aroma und Wirkstoffen einbüßt. Klassische Teetassen umfassen daher lediglich 100 ml Tee.

Wer es ganz einfach haben möchte, kann den grünen Tee auch ohne Kanne gleich **in der Tasse aufgießen**. Das mindert weder seinen Geschmack noch heilkräftige Wirkungen. Dazu gibt man einen gestrichenen Teelöffel Blätter in eine Tasse, die bei uns normalerweise zwischen 150 und 200 ml fasst, und gießt mit dem je nach Teesorte entsprechend temperierten Wasser auf. Danach muss weder gerührt noch abgesiebt werden, sondern man trinkt den Tee nach zwei bis drei Minuten „vom Blatt weg", das heißt, die Blätter bleiben auf dem Grund der Tasse. Anschließend kann mehrmals aufgegossen werden, allerdings nicht über mehrere Stunden hinweg. Grüner Tee sollte grundsätzlich nur unmittelbar hintereinander mehrmals aufgegossen werden.

Wer die Teeblätter **absieben** will, nimmt dafür am besten zwei Teekannen zu Hilfe, die vorher angewärmt wurden, denn nur so können sich die Blätter frei entfalten, ihren Geschmack und ihre heilkräftigen Stoffe an das Wasser abgeben. Es wäre völlig verkehrt, die Blätter in ein **Tee-Ei** oder in andere enge **Teezangen** zu zwängen, da deren wenige Öffnungen von den Blättern so schnell verschlossen sind, dass kaum noch Reste des Aromas ins Wasser gelangen. **Teesiebe** aus Bambus sind ebenfalls nicht zu empfehlen, da sie den Geschmack des Tees beeinflussen können. Eine geschmacksneutrale Alternative sind allenfalls **Teenetze** aus Baumwolle, Papierteefilter oder die üblichen Tee-Einsätze der Kanne. Besser aber ist es in jedem Fall, sich die Teeblätter frei im Wasser entfalten zu lassen. Sie stören beim Eingießen in die Schalen kaum und beim Trinken gar nicht. Wer den Tee optimal zubereiten möchte, sollte sich ein **Tee-Thermometer** besorgen, das im Fachhandel erhältlich ist. Mit ihm lässt sich die exakt richtige Wassertemperatur bestimmen. Sie liegt je nach Teesorte zwischen 50 und 80 Grad. Je feiner und zarter der Tee, desto niedriger und exakter muss die Temperatur des Wassers sein, damit der Aufguss nicht bitter schmeckt und sein volles Aroma entfalten kann.

Ein **Teestövchen** gehört dagegen nicht zur Standardausrüstung. Es verbreitet zwar eine gemütliche Stimmung, doch sollte es nicht dazu verwendet werden, grünen Tee warm zu halten. Der Tee verliert sein Aroma und schmeckt bitter.

Grüner Tee zum Genießen

Das Wasser

Das Wasser für den grünen Tee sollte weich, also kalkarm unter 7 °GdH sein. Es gibt eine ganze Reihe von Methoden, hartes Leitungswasser zu entkalken. Einfach stehen lassen ist eine davon, schneller geht es mit Abkochen. Es gibt Wasserfilter, die den Kalk entfernen, doch hört man immer wieder, dass sich in den Filterpatronen schnell schädliche Mikroben ansiedeln und die Patronen deshalb oft gewechselt werden müssen. Wesentlich einfacher ist es, seinen Tee mit stillem **Mineralwasser** zuzubereiten. Mit der Zeit findet man heraus, welche Marke den Teegeschmack am besten zu Tage fördert.

Zutaten

Im Fernen Osten wird der grüne Tee grundsätzlich ohne Zusätze wie Zucker, Kondensmilch oder Zitrone getrunken. Das hat einen guten Grund, denn Milch und Zucker harmonieren einfach nicht mit Grüntee.

Wer sich an den Geschmack des reinen grünen Tees erst einmal gewöhnt hat, braucht keinerlei Zusätze. Wenn Sie sich noch in der „Gewöhnungsphase" befinden, können Sie aber durchaus ein paar Tropfen frisch gepressten Zitronensaft oder auch einen Löffel Honig zur Geschmacksabrundung verwenden. Wer

---

Probleme mit dem Trinkwasser

Hartes Wasser, Härte > 14
▶ Kräftiger Tee oder Teemischung, notfalls auf „stilles" Wasser ausweichen

Mittelhartes Wasser, Härte 7–14
▶ Lassen Sie das Wasser zweimal kurz aufkochen, aber keinesfalls lange kochen.

Weiches Wasser, Härte < 7
▶ Kein Problem, Teeblätter mögen weiches Wasser.

Kalkhaltiges Wasser
▶ Kalk verbindet sich mit Gerbsäuren, und es bilden sich Flocken. Lassen Sie das Wasser zwei bis drei Minuten lang kochen (nicht länger!), der Kalk setzt sich ab.

Chlorhaltiges Wasser
▶ Lassen Sie das Wasser kurz ohne Deckel kochen, meist entweicht dann das Chlor; notfalls auf „stilles" Wasser ausweichen.

Abgestandenes Wasser, etwa aus dem Boiler
▶ Immer frisches Leitungswasser nehmen, niemals im Boiler erhitzen.

Zubehör und Zutaten

spezielle Gelüste hat, kann auch alle möglichen anderen Zusätze ausprobieren, bis hin zu Whisky oder Rum. Anregungen dazu sowie zahlreiche fantasievolle Rezepturen finden Sie auf den Seiten 55–94.

Wenn grüner Tee Heilzwecken dienen soll, sind Zitrone oder Honig die beste Ergänzung. Das entsprechende Rezept dafür finden Sie auf der Seite 110. Vor allem Honig transportiert eine Fülle von wertvollen Inhaltsstoffen in den Tee, wie zum Beispiel Minerale und Vitamine. Man sollte jedoch nur beste Honig-Qualitäten verwenden, die kalt geschleudert sind.

Der Geschmack des grünen Tees wird von vielen Umständen beeinflusst. Die wichtigsten davon wie Haltbarmachung, Aufbewahrung, richtiger Einkauf, Preis, Verfallsdatum, Zubehör und Zutaten haben wir bereits erläutert. Bevor wir im nächsten Kapitel auf den wichtigsten Punkt eingehen, nämlich auf die richtige Zubereitung des Tees, wollen wir noch einmal einige wichtige Kriterien für den Genuss von grünem Tee herausheben. Die Herkunft spielt bei der Qualität eine große Rolle. Die japanischen Sorten werden in der Regel als die geschmacklich besten hervorgehoben, doch es gibt einige weitere Punkte, auf die man achten sollte.

▶ Grüner Tee ist intensiv grün gefärbt. Sind die Blätter oder der Aufguss im Geringsten bräunlich verfärbt, so zeigt das eine mindere Qualität an.

▶ Der Tee ist um so feiner, je kleiner die nadelförmig gerollten Blätter sind.

▶ Wenn die Blätter trocken rascheln oder leicht brüchig sind, deutet das auf ein höheres Alter.

▶ Guter grüner Tee ist zwar erheblich teurer, gibt jedoch mehr her, weil er sich öfter aufgießen lässt, ohne dabei an Geschmack zu verlieren.

▶ Er sollte nach frischem Gras duften und ebenso frisch schmecken. Dies ist bei Teeblättern aus der ersten Ernte am stärksten spürbar.

▶ Der beste grüne Tee wächst nicht in voller Sonne, sondern unter Baumbestand. Erst dort entwickelt er sein feinstes Aroma. Auch die gesundheitlich wertvollen Wirkstoffe sind nur dann voll ausgeprägt, wenn die Pflanzen im Schatten gewachsen sind. Das gilt ebenso für den Frühjahrstee aus der ersten Ernte.

▶ Achten Sie darauf, dass der Tee möglichst aus kontrolliertem Anbau mit Rückstandskontrolle stammt. Erhebliche Rückstände von Pestiziden und

Grüner Tee zum Genießen

Fungiziden sind leider noch immer häufig zu finden und machen die gesundheitsfördernde Wirkung des grünen Tees zunichte.

▶ Für den Endverbraucher gilt: Kaufen Sie Ihren Vorrat nicht aus der großen Dose oder in großen Portionen, sondern stets nur als kleine, gut verschlossene Packungen.

▶ Auch die Kleinpackungen müssen nach der Tee-Entnahme fest verschlossen aufbewahrt werden.

▶ Länger als zwei bis drei Wochen sollte man grünen Tee auch in kleinen Mengen nicht lagern.

▶ Kaufen Sie als „Einsteiger" zunächst einfache, kräftige Teesorten wie beispielsweise Bancha, Gunpowder, Grünen Assam oder Chun Mee. Diese Sorten sind einfacher zu handhaben und „verzeihen" Fehler bei der Zubereitung eher als feine, zartblumige Tees. Auch mag der herzhaftere Geschmack der robusten Tees eher unseren westlichen Gewohnheiten entsprechen.

› Die Zubereitung

Die Zubereitung

Für alle unterschiedlichen Varianten des Aufgießens gilt ein und dieselbe Menge: ein gestrichener Teelöffel pro Tasse und für fünf Tassen zusätzlich „einer für die Kanne". Nur wenn der Tee besonders anregend sein soll, nimmt man jeweils einen gehäuften Teelöffel, lässt den Aufguss nur eine Minute lang bzw. wenig darüber ziehen und häuft für jeden späteren Aufguss neue Teeblätter hinzu. Im Übrigen aber vollzieht sich stets derselbe Vorgang.

Das Grundrezept

Zwei Kannen und vier Tassen werden mit warmem Wasser angewärmt. Pro Teetasse gibt man je einen Teelöffel, gestrichen oder gehäuft je nach Anlass, in eine Teekanne, die vorgewärmt wurde, in der aber nie etwas anderes als grüner Tee aufgebrüht wurde und die nur mit warmem Wasser, aber nie mit Spülmitteln ausgewaschen wird. Das Teewasser wird aufgekocht, aber vor Zugabe der Blätter immer auf 60–80 °C abgekühlt, was in der Regel innerhalb von fünf Minuten der Fall ist. Darin lässt man die Teeblätter, wiederum je nach dem speziellen Rezept, drei bis fünf Minuten lang

ziehen. Daraus resultiert mehr oder weniger Koffein: je kürzer die Ziehzeit, desto weniger Inhaltsstoffe zum Anregen.

Viele Empfehlungen lauten, den ersten Aufguss wegzuschütten, der nur 90 Sekunden ziehen darf. Dieser Rat mag an dem herben Geschmack von Grüntee liegen, der tatsächlich gewöhnungsbedürftig wäre. Der nächste Aufguss ist schon erheblich milder. Die Blätter des grünen Tees können bis zu viermal aufgegossen werden. Man lässt sie einfach in der Kanne oder Tasse und trinkt „darüber hinweg".

Je edler der Tee ist, desto stärker muss das Wasser abgekühlt sein. Kaum jemand wird ein Thermometer in das Wasser gesteckt haben, aber hier dennoch für „Profis" die exakten Werte: Bei normalen Tees sollte die Abkühltemperatur bei 80 °C liegen, beim Anregetee bei 60 °C. In der zugedeckten Kanne lässt man den Tee dann zwei bis drei Minuten ziehen, bevor er in die Schälchen gefüllt wird. Bei längerer Ziehdauer wirkt er weniger anregend, aber länger und aromatischer. Da die Teeschalen keine Henkel haben, sollte man sie nicht bis obenhin füllen, sondern einen etwas

Grüner Tee zum Genießen

kühleren Rand zum Anfassen freilassen. Auf einem Stövchen bleibt die geschlossene Kanne warm, bis der nächste und übernächste Aufguss von denselben Teeblättern gemacht wird. Diese brauchen nur noch eine oder zwei Minuten zu ziehen, weil sie schon eingeweicht sind. Soll der Tee beruhigen, lässt man den ersten Aufguss nur eine Minute ziehen, schüttet ihn weg und lässt den zweiten Aufguss drei Minuten ziehen.

Man kann die Zubereitungsart auch komplizierter gestalten wie die alten Chinesen in der Ming-Dynastie. Diese haben das aufgekochte Wasser in die Teekanne gegossen und danach erst die Teeblätter hineinrieseln lassen. Die Dosis war damals wie heute: ein gestrichener Teelöffel pro Tasse und für fünf Tassen zusätzlich „einer für die Kanne". Nach ein paar Atemzügen wurde der Tee in die Tassen gegossen, aber noch nicht getrunken, sondern in die Teekanne zurückgeschüttet. Wieder ein paar Augenblicke später goss man den Tee zum zweiten Mal in die Tassen, nun aber, um ihn zu trinken. Wie sich diese Zeremonie auf Geschmack und Wirkung des Tees auswirkt, bleibt für uns im Dunklen. Tatsache ist aber, dass kurzes Ziehen und langsames Trinken anregend wirken. Und damit sind wir bei dem Thema der traditionellen Tee-Zeremonien überhaupt angelangt.

Tee-Zeremonien

Es wird viel darüber berichtet, wie man seine individuelle Tee-Zeremonie veranstalten kann, doch letztlich und in der Praxis ist es nicht ganz einfach, eine mehr oder weniger ritualisierte Form des ganz schlichten Teetrinkens zu institutionalisieren. Wer kann sich schon im Alltag an der Heiterkeit der taoistischen Lebenskunst, an deren Gelassenheit, Ungezwungenheit, Einfachheit und entspannter Konzentration erfreuen? Angeblich ist man danach hellwach, aber nicht nervös, entspannt und gelassen, aber nicht schläfrig.

Im normalen Berufs- oder Familienleben ist diese asiatisch-klösterliche Kontemplation praktisch nicht zu zelebrieren. Wer kann sich schon auf einem Kissen auf dem Boden niederlassen, eine Tee-Ecke ausschmücken, Störungen für eine halbe Stunde ausschließen, in dieser strengen Ruhe aufrecht sitzen, den Raum gut lüften, ihn aber nicht abkühlen lassen? Wer hat die Gelassenheit, sich derart von den Alltagsproblem zu lösen, sich zu dehnen und zu strecken, kontemplativ ein- und auszuatmen? Ist dann Ruhe im Geist eingekehrt, kann endlich damit begonnen werden, den Tee aufzugießen. Damit wird das Teetrinken zu einer Kunst, die bewusst genossen werden sollte, welche die Proble-

Die Zubereitung

me des Alltags allmählich an Gewicht verlieren lässt. All dies kann nur ein Wunschtraum sein, denn kein Alltagsproblem ändert sich allein dadurch, dass man eine halbe Stunde lang eine Tasse grünen Tee trinkt.

Dennoch haben Tee-Zubereitung und -genuss ihren Kult-Status. Unzweifelhaft ist es ein ganz eigenes Vergnügen, das Aroma des grünen Tees zu riechen, bevor man mit ihm die Lippen benetzt. Danach sind die Geschmacksnerven gefordert, die uns für eine Weile ein Wohlgefühl signalisieren. Voraussetzungen dafür sind sicherlich ein entspannter Körper und innere Ruhe. Um dies zu erreichen, sollte man auch äußerlich Ruhe walten lassen, also das Teewasser ruhig und entspannt aufsetzen, jegliche Hast dabei vermeiden, jede Körperbewegung ganz bewusst vollführen und sich nicht dabei anstrengen.

Dies alles lässt sich selbstverständlich nur vollziehen, wenn man dabei allein und ungestört ist. Einzig dann entspannt und aktiviert der grüne Tee zugleich. Gedanken und Gefühle werden leichter, werden erträglicher. Andererseits genießt man ihn nicht immer allein. Sind Freunde eingeladen, sollte man sicherheitshalber vorher wissen, wie grüner Tee richtig zubereitet wird. Am besten wählt man eine milde Sorte aus und gibt nur den zweiten oder dritten Aufguss zu trinken.

Vielfältiger Grüntee

Auch ohne Tee-Zeremonie kann der grüne Tee ein kraftvoller **Muntermacher** sein. Für diesen Fall wird eine besonders anregende Teesorte ausgewählt und etwas höher dosiert, das heißt ein gehäufter statt des gestrichenen Teelöffels pro Tasse verwendet. In der erwärmten Kanne läßt man die Blätter nur eine Minute ziehen und trinkt den ersten Aufguss.

Zum **Abbau von Stress** wird dagegen eine Teesorte mit weniger Koffein gewählt. Das Teewasser lässt man zehn Minuten lang abkühlen, und als Dosierung verwendet man einen gestrichenen Teelöffel pro Tasse. Der erste Aufguss wird nach einer Minute abgesiebt und weggeschüttet. Den zweiten Aufguss lässt man zwei oder drei Minuten lang ziehen, bevor er getrunken wird.

Wegen seiner anregenden Wirkung ist grüner Tee vor allem zum **Frühstück** ein erfrischendes Getränk. Damit muss sich keine innere Einkehr und kein philosophischer Tiefgang verbinden. Es mag jetzt einzig und allein darum gehen, die Abfahrtszeiten nicht zu verpassen und nichts zu vergessen, was den Tag

Grüner Tee zum Genießen

über anliegt. Auch in unserem stressreichen **Büro-Alltag** kann grüner Tee hervorragende Dienste leisten, vor allem als Alternative zu Kaffee. Die wenigen nötigen Zubehörteile wie Warmwasserbereiter, Kanne und Schale sind meist ohnehin vorhanden oder leicht zu beschaffen. Sie sollten nur darauf achten, dass keine anderen Getränke darin zubereitet werden.

Der so im Laufe des Tages immer wieder frisch aufgebrühte grüne Tee wird ohne jede Zeremonie neben der Arbeit getrunken und erfrischt auf gesündere Weise als andere koffeinhaltige Getränke wie Kaffee oder Coca-Cola. Das liegt daran, dass das Koffein im grünen Tee gebunden ist, also langsam wirksam wird und zugleich eine mental beruhigende Wirkung hat.

Der **Nachmittagstee** zu Hause ist schon eher dafür geeignet, sich für eine Weile zurückzuziehen, sich umzukleiden, den Raum zu schmücken, eine Blume aufzustellen, eine Kerze anzuzünden, sich etwas Passendes zum Lesen herauszusuchen und eine friedvolle Platte aufzulegen. Tatsächlich ist es erwiesen, dass Teetrinken auf diese Weise und als regelmäßige Übung dabei helfen kann, beruflichen und familiären Stress wenigstens teilweise abzubauen. Wichtig ist dabei nicht jedes Detail, aber eins sollten Sie auf jeden Fall beachten: Sie sollten bei ihrer Teestunde nicht gestört werden – weder durch Telefon noch durch Türklingeln oder Kinderlärm. Wie das zu schaffen sein soll, wird mancher Mutter spanisch vorkommen, aber mit den Managerqualitäten, die sie den ganzen Tag über an den Tag legen muss, lässt sich diese halbe Stunde vielleicht doch störungsfrei halten.

Die Teestunde kann auch ein **geselliges Ereignis** sein. Laden Sie doch einmal Freunde dazu ein! Allerdings will es wohl überlegt sein, wen man bitten kann, sich in stiller Eintracht um eine Teekanne zu versammeln. Es werden wohl keine „offiziellen" Gäste sein, mit denen sich schwierige Gespräche ergeben könnten. Auch sollten keine größeren Meinungsverschiedenheiten aufkommen und keine allzu ernsthaften Probleme erörtert werden. Ebensowenig verträgt sich nachbarlicher Klatsch mit der kontemplativen Stimmung einer Teestunde.

Es bleibt also wohl nur der kleinste Kreis guter und enger Freunde übrig, mit denen sich in entspannter Atmosphäre eine Tee-Zeremonie gestalten lässt. Dabei darf es ruhig ein wenig feierlich zugehen. Aber übertreiben Sie es damit nicht – fernöstliche Traditionen nachahmen zu wollen kann manchmal unfreiwillig

Die Zubereitung

komisch wirken. Während des Teetrinkens kann durchaus locker geplaudert werden.

Wenn Sie Gäste zu einer Teestunde einladen, sollten Sie beachten, dass grüner Tee nicht allen Menschen gleich auf Anhieb schmeckt. Gerade bei „Anfängern" ist es wichtig, dass Sie die richtige Sorte anbieten. Wenn alles zusammen stimmt: die Umgebung, die Menschen, die Stimmung, der Tee, dann kann aus der gemeinsamen Teestunde tatsächlich etwas werden, was keine Skatrunde mit Bier und Schnaps jemals zustande bringen wird: eine tiefere Beziehung mit Freunden, Entspannung und noch dazu bessere Gesundheit.

Um das gesellige Ereignis abzurunden, können Sie **Gebäck** zum Tee reichen. Die Engländer sind zwar traditionellerweise der Meinung, dass geschmacksneutrale Kekse das Aroma des grünen Tees am besten zur Geltung bringen. Doch es spricht auch nichts dagegen, sich kulinarische Köstlichkeiten zu gönnen. Wer sich nicht auf die Ware beschränken will, die im Supermarkt angeboten wird, kann selber Scones backen, die mit Früchten wie Aprikosen, getrockneten Birnen und Rosinen sowie Gewürzen wie Zimt und Vanille abgewandelt werden können. Auch mit grünem Tee kann Gebäck hergestellt werden. Zahlreiche Rezepte finden Sie auf den Seiten 81ff.

Im **Sommer** braucht der Körper mehr Flüssigkeit und Minerale, um den Kreislauf in Schwung zu halten. Wer sich in der Hitze ungewohnt lange anstrengt, sollte deshalb viel trinken. Grüner Tee bietet sich dafür hervorragend an, da er in idealer Kombination zahlreiche lebenswichtige Biostoffe enthält.

Das gilt vor allem für **Leistungssportler,** denn ihr Mineralstoffbedarf ist durch verstärktes Schwitzen besonders hoch. Durch den Verlust lebenswichtiger Biostoffe entstehen Kreislauf- und Leistungsabfall sowie Krämpfe. Zur Vorbeugung sollte grüner Tee daher bereits getrunken werden, bevor es zu Durstgefühlen kommt. Zahlreiche Rezepte für kühlen und eiskalten Teegenuss im Sommer finden Sie auf den Seiten 68ff.

Neben den grünen Eis- und Sommertees gibt es natürlich auch eine Reihe von Tee-Varianten für den **Winter** (siehe Seite 56). Allein die Wärme des frischen Aufgusses wirkt wohltuend und vertreibt die Kälte. Das lässt sich steigern, indem einige Gewürze hinzugefügt werden: Neben Honig bieten sich im Winter vor allem Zimt, Vanille, Angustura-Bitter, Kardamom und Pfeffer an. Noch stärker jedoch wird die wärmende

Grüner Tee zum Genießen

Wirkung, wenn etwas Rum zugegossen wird. Das vermindert zwar einige der Heilwirkungen, hilft aber ungemein gegen winterliche Kälte in den Knochen und beugt Erkältungen vor.

Richtig zubereitet eignet grüner Tee sich für alle Altersstufen – auch für **alte Menschen** und Kinder. Untersuchungen in Japan haben ergeben, dass die Gerbstoffe im grünen Tee ältere Menschen sogar länger leben lassen. Körperzellen erneuern sich und funktionieren besser, wenn regelmäßig grüner Tee getrunken wird. Das hängt vor allem mit dem höheren Schutz vor freien Radikalen (siehe Seite 96), die auch für die Hautalterung verantwortlich sind, zusammen. Hinzu kommt die vorbeugende Wirkung gegen Arteriosklerose und Gehirnverkalkung. Da grüner Tee geistig anregend wirkt und die Konzentration fördert, hilft er auch gegen Gedächtnisschwäche. Um in den Genuss der gesundheitsfördernden Wirkung des grünen Tees zu kommen, sollten ältere Menschen jedoch vor allem koffeinarme Sorten wählen, den ersten Aufguss nach einer Minute wegschütten und erst den zweiten oder dritten Aufguss trinken.

Bei **Kindern** sollte der grüne Tee nicht zur Gewohnheit werden. Erst während der Schulzeit kann eine Tasse dann und wann dazu beitragen, dass die Konzentrationsfähigkeit und das Gedächtnis gesteigert werden. Um Kindern den anfangs ungewohnten Geschmack etwas zu versüßen, lässt man den Aufguss vier Minuten ziehen und gibt anschließend einen Teelöffel Honig dazu. Auch eine Prise Fruchtnektar ist durchaus empfehlenswert, um die Kleinen allmählich an den Geschmack des grünen Tees zu gewöhnen. Allerdings sollten Sie Ihren Kindern nur koffeinarme Sorten zu trinken geben, und auch dann nicht mehr als ein bis zwei kleine Tassen pro Tag. Selbstverständlich sollten diese nicht abends, sondern beim Frühstück oder vor den Hausaufgaben am Nachmittag getrunken werden.

Auch in der **Schwangerschaft** ist grüner Tee zu empfehlen. Während dieser Zeit treten häufig Mangelerscheinungen an Mineralen und Vitaminen auf, die durch grünen Tee zumindest teilweise ausgeglichen werden können. Wenn das Teetrinken außerdem ein wenig zur Entspannung der werdenden Mutter beiträgt, so wird sich dies ebenso günstig auf den Verlauf der Schwangerschaft und das Kind auswirken. Auch Schwangere sollten koffeinarme Sorten auswählen und nur den zweiten Aufguss trinken. Dazu gießen Sie einen gestrichenen Teelöffel pro Tasse auf und sieben den ersten Aufguss nach einer Minute ab. Überbrühen Sie die Blätter

Die Zubereitung

danach abermals, und lassen Sie den Tee drei Minuten ziehen.

In den **Wechseljahren** mit ihren starken hormonellen und seelischen Veränderungen ist es besonders wichtig, darauf zu achten, dass der Körper mit sämtlichen lebensnotwendigen Vitaminen und Spurenelementen versorgt wird. Grüner Tee bietet hierfür eine ideale Kombination von Wirkstoffen. Um das körperliche Wohlbefinden zu verbessern, sollte er vor allem als Ersatz für Kaffee und schwarzen Tee getrunken werden. Auch bei leichten depressiven Verstimmungen kann grüner Tee helfen. Grüner Tee ist eine geradezu ideale Ergänzung für jegliche Art von **Diät**, die eingehalten wird, um Gewicht abzunehmen oder um ein Körperorgan zu schonen. Bei einer solchen ganz oder teilweise reduzierten Ernährung entsteht mit der Zeit ein natürlicher Mangel an Vitaminen und Mineralen. Hier hilft grüner Tee mit seinen wertvollen Inhaltsstoffen und gesundheitsfördernden sowie nervenstärkenden Wirkungen, die Mangelzeit besser zu überstehen. Während einer Diät sollten Sie eine möglichst koffeinarme Teesorte auswählen.

Teerezepte aus aller Welt

Teerezepte aus aller Welt

Heiße Tees ohne Alkohol

Apfel-Ingwer-Tee

Für 4 Tassen

1 frische Ingwerwurzel (ca. 5 g)
500 ml Wasser
250 ml klarer Apfelsaft
3 Beutel (à 1,75 g) grüner Tee
1 EL flüssiger Honig

Den Ingwer schälen und zusammen mit dem Wasser sowie dem Apfelsaft aufkochen. Vom Herd nehmen, Teebeutel hineinhängen und ca. 5 Minuten ziehen lassen. Die Beutel herausnehmen, den Tee mit Honig süßen und sofort servieren.

Orangentee

Für 5 Gläser

8 TL Oolong-Tee
Schale von 1 unbehandelten Orange, 150 ml Orangensaft
850 ml Wasser
5–10 Orangenfilets, 5 EL Zucker

Teeblätter, Orangenschale sowie Saft in einen Topf geben und das heiße Wasser zugießen. Alles etwa 3 Minuten ziehen lassen und dann abseihen. In jedes Glas 1–2 Orangenfilets geben, 1 Esslöffel Zucker darüber streuen und mit Tee übergießen.

Pfefferminztee

Für 4 Tassen

3 TL Gunpowder-Tee
300 ml Wasser
2 TL Pfefferminz-Teeblätter
400–500 ml Wasser
2 frische Pfefferminzstängel

Den Tee mit 300 ml heißem Wasser aufbrühen und den ersten Aufguss nach 90 Sekunden abschütten. Den zweiten Aufguss mit 300 ml Wasser 5 Minuten ziehen lassen und abgeseihen. Die Pfefferminz-Teeblätter mit kochendem Wasser übergießen und nach 3 Minuten abseihen. Beide Aufgüsse miteinander vermischen. Frische Pfefferminzstängel zum Garnieren in die Tassen geben.

Heiße Tees ohne Alkohol

White Lady

Die Teebeutel in das heiße Wasser geben und 5 Minuten ziehen lassen, dann die Teebeutel herausnehmen. Gewürznelken, Kardamom sowie Ingwer hinzufügen und alles 10 Minuten köcheln lassen. Kondensmilch und nach Belieben Honig bzw. Zucker dazugeben.

Für 6–8 Tassen

8 Beutel (à 1,75 g) grüner Tee
800 ml Wasser
8 Gewürznelken
1 Prise geriebener Kardamom
1 TL geriebener Ingwer
300 ml Kondensmilch
flüssiger Honig oder Zucker zum Süßen

Adventstee

Aus dem heißen Wasser und den Teebeuteln einen starken Tee bereiten. 5 Minuten ziehen lassen, dann die Teebeutel herausnehmen. Den Tee auf 4 Tassen verteilen, den Mandelsirup hinzufügen und alles gut umrühren. Die Milch aufschäumen und jeweils 1 Esslöffel davon auf jede Tasse geben. Mit Muskatnuss oder Schokolade bestreuen.

Für 4 Tassen

600 ml Wasser
8 Beutel (à 1,75 g) grüner Tee
30 ml Mandelsirup
200 ml Vollmilch
etwas geriebene Muskatnuss oder geraspelte Schokolade

Süße Verführung

Die Teebeutel mit dem heißen Wasser überbrühen. 5 Minuten ziehen lassen, dann die Beutel herausnehmen und den Tee abkühlen lassen. Anschließend Eier, Kondensmilch, Vanillearoma, Salz sowie Milch hinzufügen und alles gut verrühren. Die Sahne schlagen, den Tee in Tassen füllen. Mit der Schlagsahne auffüllen und jeweils mit Muskatnuss bestreuen.

Für 8 Tassen

6 Beutel (à 1,75 g) grüner Tee
250 ml Wasser
2 verquirlte frische Eier
400 ml gesüßte Kondensmilch
1 TL Vanillearoma
1 Prise Salz
250 ml Milch
300 ml Sahne
etwas geriebene Muskatnuss

Teerezepte aus aller Welt

Für 2 Gläser

4 EL Orangensaft
4 EL Traubenzucker
250 ml aromatisierter Grüntee
Zimt
Nelkenpulver
2 Spiralen unbehandelte
Orangenschale oder
2 Orangenscheiben
2 Eiswürfel

Orange Dream

Orangensaft und Traubenzucker in den heißen Tee einrühren, in 2 Gläser füllen und mit Zimt sowie Nelkenpulver bestreuen. Die Gläser mit Orangenspiralen oder -scheiben behängen. Eiswürfel dazugeben und mit Trinkhalm servieren.

Für 5 Tassen

Schalen von 3 unbehandelten
Äpfeln (z. B. Renetten)
1 l Wasser
5 TL grüner Tee
1 TL Zitronensaft

Vitamintee

Die Apfelschalen zusammen mit dem Wasser in einen Topf geben, aufkochen, 10 Minuten ziehen lassen und abseihen. Die Teeblätter in eine Kanne geben, das Apfelwasser erneut zum Kochen bringen, etwas abkühlen lassen und dann den Tee damit übergießen. Etwa 3 Minuten ziehen lassen, den Zitronensaft hinzufügen und alles heiß in Gläser füllen. Sofort trinken.

Tipp
Der Tee kann auch kalt getrunken werden.

Für 5 Tassen

8 TL grüner Tee
2 EL Malzextrakt
3 TL Vanillezucker
1 l Wasser
Sahne

Schottischer Grüntee

Teeblätter, Malzextrakt sowie Vanillezucker in eine Kanne geben und mit dem heißen Wasser übergießen. Etwa 5 Minuten ziehen lassen, dann abseihen. Auf 5 Tassen verteilen, jeweils einen Klacks flüssige Sahne darauf geben und servieren. Sofort trinken.

Gewürztee „Candida"

Den Tee zusammen mit den Gewürzen aufbrühen, etwa 5 Minuten ziehen lassen, abgießen. Nach Belieben mit Zucker und Milch verfeinern. Kandierte Früchte dazu reichen.

Für 3 Tassen

8 TL grüner Tee
je 1 Prise Kardamom, Anis, Zimtpulver, 3 Nelken
500 ml Wasser

Ingwertee

Den Tee und die klein geschnittene Ingwerzehe mit heißem Wasser überbrühen. Etwa 3 Minuten ziehen lassen und abseihen. Mit Zitronensaft sowie Kandiszucker abschmecken und servieren.

Für 1 Liter

4 TL grüner Tee
½ Ingwerzehe
1 l Wasser, 1 TL Zitronensaft
Kandiszucker

Zitronen-Erdbeertee

Die Teebeutel in heißes Wasser geben, den Tee etwa 3 Minuten ziehen lassen und dann die Teebeutel herausnehmen. Zitronensaft, Zucker und Sirup dazugeben, alles gut vermischen. In jede Tasse eine kandierte Erdbeere legen und mit dem aromatisierten Tee übergießen.

Für 3 Tassen

5 Beutel (à 1,75 g) grüner Tee
500 ml Wasser
50 ml Zitronensaft
50 g Zucker
3 EL Erdbeersirup
3 kandierte Erdbeeren

Grüner Punsch

Zimt und Ingwer zerkleinern, dann zusammen mit den Gewürznelken sowie dem Wasser in einen Topf geben und bei schwacher Hitze 5 Minuten köcheln lassen. Anschließend die Gewürze abseihen. Den Sud einmal kurz aufkochen lassen. Die Teeblätter in eine Kanne geben, mit dem Sud aufgießen und nach 3 Minuten abseihen.

Für 1 Liter

1 Stück Zimtstange (ca. 3 cm)
1 Stück Ingwerstange (ca. 3 cm)
2 Gewürznelken
1 l Wasser
10 TL Oolong-Tee

Teerezepte aus aller Welt

Für 6 Tassen

2 Beutel grüner Tee
6 Beutel Pfefferminztee
1,2 l Milch
6 TL Kakaopulver

Für 3 Liter

8 Beutel grüner Tee
2 l heißes Wasser
400 ml Wasser
400 g Zucker
2 Dosen Ananas (je 450 g)
300 ml Zitronensaft
600 ml Orangensaft
1 Zimtstange
1 TL Gewürznelken

Für ca. 100 g Teemischung

100 g grüner Tee
4 geriebene Zimtstangen
3 TL abgeriebene Schale von 1 unbehandelten Zitrone
1 TL ganze Gewürznelken

Grüne Minz-Schokolade

Die Teebeutel in einen Topf mit Milch geben. Anschließend bis zum Sieden erhitzen. Dann die Teebeutel herausnehmen. In jede Tasse einen Teelöffel Kakaopulver geben und mit der Milch aufgießen. Mit frischen Minzeblättern servieren.

Heißer Gewürztee

Den Tee mit dem heißen Wasser zubereiten. Nach fünf Minuten die Teebeutel entfernen. Den Zucker mit den 400 ml Wasser zehn Minuten zu Sirup kochen. Dann den Tee und die restlichen Zutaten hinzufügen und 20 Minuten kochen lassen. Vor dem Servieren die Nelken und die Zimtstange entfernen.

Kaminfeuer-Tee

Die angegebenen Zutaten vermischen und in einem Schraubglas 4–5 Tage stehen lassen. Aus dieser aromatischen Mischung wie gewohnt den Tee zubereiten.

Tees mit Alkohol

Rosentee

Tee- sowie Rosenblätter in eine Kanne geben und überbrühen. Nach 5 Minuten abseihen. Den Tee nach Geschmack mit Zucker sowie Cognac abschmecken und servieren.

Für 3 Tassen

6 TL grüner Tee (am besten mit Rosenblütenaroma)
2 TL Rosenblätter
500 ml Wasser
Zucker
Cognac

Grüntee „Weißes Haus"

Den Tee aufbrühen, 5 Minuten ziehen lassen, abseihen und nach Belieben mit Zucker süßen. In jedes Glas 1 Spritzer Curaçao, 1 cl Rum und 1 Zitronenscheibe geben, die mit einer Gewürznelke besteckt ist. Nach Geschmack mit Kandis bestreuen.

Für 4 Gläser

6 TL Early Grey Green
500 ml Wasser
Zucker
Curaçao, 4 cl Rum
4 Zitronenscheiben
4 Gewürznelken
Krümelkandis

Punsch „Hawaii"

Den Tee in einem großen Topf aufbrühen und nach 5 Minuten abseihen. Die Ananasscheiben in kleine Stücke schneiden. Den Tee zusammen mit dem Kandiszucker, den Ananasstücken und -saft, Arrak, Madeira sowie Muskateller erhitzen und in vorgewärmte Gläser füllen.

Für 2,5 Liter

6 TL aromatisierter Grüntee
500 ml Wasser, 250 g Kandis
1 425-Gramm-Dose Ananas
250 ml Arrak
100–150 ml Madeira-Wein
2 Flaschen Muskateller-Wein
(à 0,75 l)

Teerezepte aus aller Welt

Für 3,5 Liter

100 g grüner Tee
250 ml Wasser
3 l Kornbranntwein
Zuckersirup aus 2 l Wasser und
550 g braunem Kandis

„Hell Angels"-Tee

Den Tee mit dem heißen Wasser überbrühen, 4–5 Minuten ziehen lassen. Ihn mitsamt den Blättern in einen großen Krug geben und den Korn dazugießen. Alles über Nacht ziehen lassen, dann durch einen Papierfilter abseihen, mit dem Zuckersirup mischen und in Flaschen füllen. Bis zum Gebrauch einige Tage ruhen lassen.

Für 6 Gläser

6 TL grüner Tee
1 l Wasser
6 cl Rum
Zucker
6 Scheiben von
1 unbehandelten Zitrone
6 Maraschinokirschen

Dalmatinischer Tee

Den Tee mit dem heißen Wasser überbrühen. In ein Punschglas jeweils 1 cl erwärmten Rum gießen, mit dem nach Geschmack gezuckerten Tee vermengen und flambieren. Pro Glas eine Zitronenscheibe und eine Maraschinokirsche hinzufügen.

Für 1,5 Liter

1 Flasche Rotwein (1 l)
500 ml Oolong-Tee
Zucker
abgeriebene Schale von
1 unbehandelten Zitrone

Rotwein-Tee

Den Rotwein in einem Topf erhitzen, jedoch nicht kochen. Mit starkem heißem Tee auffüllen. Anschließend mit Zucker abschmecken und mit der geriebenen Zitronenschale würzen.

Tees mit Alkohol

Pflümli-Tee

Den zubereiteten heißen Grüntee nur leicht süßen. Einen kräftigen Schuss Zwetschgenwasser hinzufügen.

Für 1 Glas

200 ml grüner Tee
Zucker
1 Schuss Zwetschgenwasser

Hot Flip

Den Tee mit dem heißen Wasser aufbrühen. 5 Minuten ziehen lassen und abgießen. Das Ei zusammen mit dem Zucker, dem Arrak, dem Maraschinolikör, einigen Tropfen Zitronensaft und einer Prise Muskatnuss in eine kleine Schüssel geben und mit dem elektrischen Handrührgerät schaumig schlagen. Den heißen Tee dazu gießen, alles auf zwei Gläser verteilen und sofort servieren.

Für 2 Gläser

2 TL grüner Tee
250 ml Wasser
1 frisches Ei
etwas Zucker
2 cl Arrak
1 Spritzer Maraschinolikör
etwas Zitronensaft
1 Prise geriebene Muskatnuss

Balkan-Tee

Die Tassen etwa zur Hälfte mit Weißwein füllen, dann mit dem heißen Tee auffüllen. Nach Belieben mit Honig und Zitronensaft abschmecken.

Für 6 Tassen

1 Flasche herber Weißwein
(0,75 l)
500 ml grüner Tee
flüssiger Honig, Zitronensaft

Teerezepte aus aller Welt

Für 10 Gläser

6 TL grüner Tee
500 ml Wasser
400 ml Weinbrand
10 Scheiben ohne Schale von unbehandelten Zitronen
Zucker

Zaren-Tee

Den Tee aufbrühen, 4 Minuten ziehen lassen und anschließend abgießen. Jeweils ein größeres Schnapsglas (ca. 10 cl) je zur Hälfte mit Weinbrand und dem Tee füllen. Darauf eine Zitronenscheibe mit einem Häufchen Zucker legen. Beim Trinken die Zitronenscheibe im Mund behalten und die Flüssigkeit darüber gießen.

Für 3 Liter

10 TL grüner Tee
1 l Wasser
3 Flaschen Weißwein (à 0,75 l)
350 g Zucker
Schale von 1 unbehandelten Zitrone, etwas Arrak

Krambambuli

Den Tee mit heißem Wasser aufbrühen und nach etwa 5 Minuten abgießen. Den Wein zusammen mit dem Zucker und der Zitronenschale in einem Topf zum Kochen bringen. Den Arrak und den Tee hinzugeben. Das Getränk heiß oder kalt servieren.

Für 1 Glas

1 TL Zitronensaft
4 EL Rum
1 TL abgeriebene Schale von 1 unbehandelten Zitrone
150 ml Oolong-Tee
1 Zimtstange
Zucker

Klassischer Tee mit Rum

Den Zitronensaft, den Rum und die abgeriebene Zitronenschale in ein vorgewärmtes Teeglas geben. Mit heißem Tee auffüllen. Den Rumtee mit einer Zimtstange zum Umrühren servieren. Nach Belieben mit Zucker süßen.

Tees mit Alkohol

Flambierter Grüntee

Den Weinbrand etwas anwärmen. Den Zitronentee in eine Tasse geben und mit dem angewärmten Weinbrand übergießen. Dann anzünden und die Flamme kurz brennen lassen. Anschließend den grünen Tee zubereiten und die Tasse damit auffüllen.

Für 1 Tasse

2 cl Weinbrand
3 gehäufte TL Instantzitronentee
1 Beutel grüner Tee
150 ml heißes Wasser

Pariser Zitronen-Grüntee

Den Zucker in heißem Wasser lösen und den Instanttee sowie die beiden Fruchtsäfte dazugeben. Dann den Weinbrand, den Rum und etwas Muskatnuss hinzufügen. Den Grüntee zubereiten und dazugeben. Alles in einem Topf bis kurz vor dem Siedepunkt erhitzen und sofort heiß servieren. Der Tee kann auch kalt mit Eiswürfeln gereicht werden.

Für 12 Gläser

200 g Zucker
1 l Wasser
1 gehäufter TL Instanttee
Saft von 3 Zitronen
Saft von 1 Orange
250 ml Weinbrand
375 ml Rum
1 Prise Muskatnuss
1 Beutel grüner Tee
200 ml heißes Wasser

Leuchtturm

Den Grüntee zubereiten und den Beutel entfernen. Dann den Instanttee dazugeben und auflösen. Den Wein, den Rum und die Gewürze zufügen. Alles zusammen kurz erhitzen, nicht kochen. Vor dem Servieren die Nelke und die Zimtstange wieder entfernen.

Für 2 Gläser

1 Beutel grüner Tee
200 ml heißes Wasser
3 gehäufte TL Instantzitronentee
125 ml Rotwein
1 TL Rum
1 Nelke, 1 Zimtstange

Teerezepte aus aller Welt

Für 1 Glas

1 Beutel grüner Tee
200 ml heißes Wasser
4 gehäufte TL Instant-
zitronentee
2 cl Gin
etwas Schale 1 unbehandelten
Zitrone

Für 6 Gläser

4 Tassen Wasser
150 g Zucker
100 ml Zitronensaft
150 ml Orangensaft
50 ml kalter grüner Tee
Rum
Curaçao

Für 7 Gläser

3 TL grüner Tee
3 TL Oolong-Tee
1 l Wasser
5 Scheiben von
1 unbehandelten Zitrone
28 cl Rum
14 TL brauner Kandiszucker
Vanillearoma

Glühendes Herz

Den Grüntee zubereiten und den Beutel entfernen. Den Zitronentee hinzufügen und auflösen. Dann den Gin dazugeben und gut umrühren. Den Glasrand mit Zitronenschale garnieren.

Bishop's Tea

Das Wasser mit dem Zucker zu Sirup verkochen lassen. Den Zitronen-, und Orangensaft, den Tee sowie etwas Rum und Curaçao dazugießen und alles gut umrühren. Das Ganze nochmals erhitzen, aber nicht kochen. Den Tee in Gläser füllen und heiß servieren.

Punsch à la Cubana

Den Tee zubereiten. Eine halbe Stunde vor dem Servieren legt man in jedes Glas eine Zitronenscheibe. Darauf kommen je 4 cl Rum und 2 Teelöffel Zucker. Unmittelbar vor dem Servieren streut man noch eine Prise Vanillearoma darüber und füllt die Gläser mit dem heißen Tee auf.

Tees mit Alkohol

Planter's Punch

Den Tee mit dem Wasser zubereiten und nach 5 Minuten abgießen. Den Zucker in heißem Wasser auflösen. Den Saft der Zitrone, den Weinbrand, den Ananassaft und den Rum dazugeben. Das Ganze nochmals in einem Topf erhitzen und sofort servieren.

Für 1,5 Liter

10 TL grüner Tee
1 l Wasser
100 g Krustenkandis
150 ml heißes Wasser
Saft von 1 Zitrone
4 cl Weinbrand
200 ml Ananassaft
½ Flasche Jamaica-Rum (0,7l)

Teerezepte aus aller Welt

Coole Drinks

Für ca. 7 Gläser

10 TL grüner Tee
1 l Wasser
Saft von 3 Zitronen
Zucker
Eiswürfel

Grundrezept Eistee

Den Tee aufbrühen und 5 Minuten ziehen lassen. Dann umrühren und abgießen. Den Zitronensaft hinzufügen, nach Belieben mit Zucker süßen und gut vermischen. In jedes Glas eine Hand voll Eiswürfel geben und den heißen Tee darüber gießen.

Für 1 Glas

3 TL grüner Tee
125 ml Wasser
Zucker
Eiswürfel
Saft von 1/2 Zitrone
2 TL Gin

Single-Eistee

Den Tee aufbrühen und den Extrakt mit Zucker süßen. Reichlich Eiswürfel und den Zitronensaft in ein Glas geben. Nach 3 Minuten den Tee-Extrakt abseihen und zu dem Zitronensaft gießen. Zuletzt mit Gin abschmecken. Anstatt Gin kann man auch Cognac oder Campari verwenden.

Für 6 Gläser

6 TL grüner Tee
1 l Wasser
Saft von 1 Orange
Zucker
6 Vanilleeiskugeln
Schlagsahne
abgeriebene Schale von
1 unbehandelten Orange

Eisbecher Grün-Rot

Den Tee mit dem heißen Wasser übergießen und nach 3 Minuten abseihen. Den Orangensaft und Zucker nach Belieben mit dem Tee verrühren und diesen in den Kühlschrank stellen. In die Gläser je eine Vanilleeiskugel legen und den kalten Tee darüber gießen. Als Krönung jeweils einen Klacks Sahne auf den Tee geben und die abgeriebene Orangenschale darauf verteilen.

Coole Drinks

Cherry-Cup

Den Tee mit 100 ml heißem Wasser zubereiten. Nach fünf Minuten den Teebeutel entfernen und die Tasse mit kaltem Wasser auffüllen. Dann den Kirschsaft, den Kirschsirup die Kondensmilch und die Eiswürfel dazugeben und alles gut verrühren.

Für 3 Tassen

1 Beutel grüner Tee
100 ml heißes Wasser
100 ml kaltes Wasser
200 ml Kirschsaft
1 Schuss Kirschsirup
80 ml Kondensmilch
Eiswürfel

Beeren-Twister

Den Tee mit 100 ml heißem Wasser aufbrühen. Nach fünf Minuten den Teebeutel entfernen und die Tasse mit kaltem Wasser auffüllen. Anschließend den Tee mit dem Saft, dem Himbeersirup und dem Eis vermischen.

Für 2 Tassen

1 Beutel grüner Tee
100 ml heißes Wasser
100 ml kaltes Wasser
100 ml Erdbeersaf
100 ml Himbeersaft
1 Schuss Himbeersirup
Eiswürfel

Zitronen-Cup

Den Tee mit dem heißen Wasser aufgießen und nach 3 Minuten abseihen. Den Zitronensaft sowie den Honig einrühren und den Tee im Kühlschrank abkühlen lassen. In die Gläser je eine Kugel Vanilleeis geben und den Tee darüber gießen. Schlagsahne darauf setzen und mit abgeriebener Zitronenschale bestreuen.

Für 5 Gläser

5 TL grüner Tee
1 l Wasser
Saft von 1 Zitrone
1–2 TL flüssiger Honig
5 Vanilleeiskugeln
Schlagsahne
abgeriebene Schale von
1 unbehandelten Zitrone

Teerezepte aus aller Welt

Für 4 Gläser

4 TL grüner Tee
200 ml Wasser
500 ml Sahne
Saft von 3 Orangen
2 frische Eigelb
Zucker
Schlagsahne
Krokantstreusel

Eistee mit Krokant

Den Tee aufbrühen, 3 Minuten ziehen lassen und abseihen. Die flüssige Sahne und den Orangensaft mit dem Tee verrühren. Die Eigelbe mit dem elektrischen Handrührgerät verquirlen, nach Geschmack süßen und unter die Tee-Sahne-Masse ziehen. Die Masse in eine Schale geben und im Gefrierfach erstarren lassen. Vor dem Servieren in hohe Gläser füllen, mit Sahne garnieren und nach Belieben mit Krokantstreuseln bestreuen.

Für ca. 3 Liter

5 TL grüner Tee
400 ml heißes Wasser
800 ml kaltes Wasser
200 g Zucker
300 ml Ananassaft
200 ml Zitronensaft
1 l Ginger Ale
Eiswürfel

Tee von der Palme

Den Tee mit den 400 ml heißem Wasser übergießen und 5 Minuten ziehen lassen. Umrühren und in das kalte Wasser abseihen. Den Zucker hinzufügen und alles solange umrühren, bis sich dieser aufgelöst hat. Unter weiterem Rühren Ananas- und Zitronensaft zufügen. Vor dem Servieren 1 Liter eisgekühltes Ginger Ale zugießen und reichlich Eiswürfel hineingeben.

Für 2 Liter

2 l Wasser
1/3 Tasse Teeblätter
Eiswürfel
Zitronensaft
Zucker

Queen's Tea

Den Tee mit 1 Liter heißem Wasser zubereiten. 5 Minuten ziehen lassen, dann umrühren und den abgeseihten Tee zusammen mit 1 Liter kaltem Wasser in einen Krug gießen. Den Tee in Gläsern mit Eiswürfeln reichen, nach Belieben mit Zitronensaft und Zucker abschmecken.

Coole Drinks

Honey Moon

Den Tee mit dem heißen Wasser aufbrühen und 5 Minuten ziehen lassen. Nach dem Abseihen den Tee auf 4 Gläser verteilen und diese mit dem kalten Wasser gleichmäßig auffüllen. Den Erdbeernektar, je einen Schuss Mandarinensirup sowie die Eiswürfel dazugeben und alles gut verrühren.

Für 4 Gläser

4 TL aromatisierter Grüntee mit Zitronengeschmack
200 ml heißes Wasser
400 ml kaltes Wasser
200 ml Erdbeernektar
Mandarinensirup
Eiswürfel

Apricot-Tee

Den Tee mit dem heißen Wasser aufbrühen, 5 Minuten ziehen lassen und anschließend abseihen. Aprikosennektar sowie Mineralwasser zu dem Tee gießen und alles gut verrühren. In Gläsern mit Eiswürfeln servieren.

Für 5 Gläser

5 TL aromatisierter Grüntee mit Aprikosengeschmack
250 ml Wasser
250 ml Aprikosennektar
250 ml Mineralwasser mit Kohlensäure
Eiswürfel

Sangria-Tee

Den Tee zubereiten und abkühlen lassen. In einem großen Krug das Obst mit dem Zucker mischen. Den Tee über das Obst gießen und den Traubensaft hineinrühren. In Gläsern zusammen mit Eiswürfeln servieren.

Für 6 Gläser

6 TL grüner Tee
800 ml Wasser
400 g klein geschnittenes Obst (Äpfel, Pfirsiche, Ananas, Orangen oder Erdbeeren beliebig kombinieren)
2 TL Zucker
400 ml weißer Traubensaft
Eiswürfel

Teerezepte aus aller Welt

Erdbeer-Tee

Für 5 Gläser

6 TL aromatisierter grüner Tee mit Zitronengeschmack
800 ml Wasser
800 ml Erdbeersaft
Eiswürfel

Den Tee mit dem Wasser aufbrühen und 5 Minuten ziehen lassen. Anschließend den Tee abkühlen lassen. Den Erdbeersaft zusammen mit dem Tee in einem großen Krug vermischen. In Gläsern mit Eiswürfeln servieren.

Vier-Früchte-Tee

Für 1 Glas

1 TL grüner Tee
100 ml Wasser
30 ml Kirschsirup
30 ml eines Gemischs aus Aprikosen-, Himbeer- und Erdbeersirup
60 ml Sodawasser
30 ml Kondensmilch

Den Tee zubereiten und abkühlen lassen. Ihn mit den Sirups verrühren. Sodawasser sowie Kondensmilch hinzufügen und in einem Cocktail-Shaker alles gut durchschütteln.

Tee „Brasilia"

Für 2 Gläser

4 TL grüner Tee
250 ml Wasser
5 EL zerstoßene Eiswürfel
60 ml Kokossirup
30 ml Sahne oder Kondensmilch
Eiswürfel

Den Tee zubereiten und abkühlen lassen. Danach das Eis, den Kokossirup, den Tee und die Sahne bzw. Kondensmilch in einen Cocktail-Shaker geben und so lange schütteln, bis das Getränk kalt und schaumig ist. In Gläsern zusammen mit Eiswürfeln servieren.

Teepflückerin in China

Oben: Frisch geerntete Teeblätter
Links: Teeplantage. Neben Taiwan ist Japan der wichtigste Produzent von grünem Tee.
Unten: Für grünen Tee verwendet man zumeist Teeblätter aus Kreuzungen von Assam- und Chinateesträuchern.

Oben: Grünen Tee gibt es mittlerweile in großer Sortenvielfalt.
Links: Ein typischer Teegarten auf Sri Lanka (Ceylon)
Unten: Aus grünem Tee (links) entsteht durch Fermentation Schwarztee (rechts).

Die japanische Teezeremonie ist auf den Zen-Buddhismus zurückzuführen, der von China nach Japan kam.

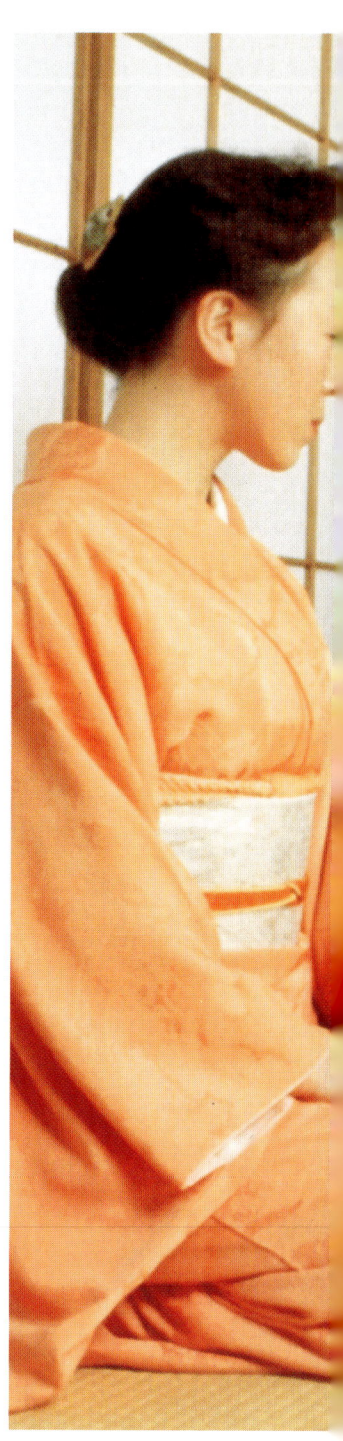

Mit grünem Tee lassen sich köstliche Longdrinks zaubern.

Coole Drinks

„Sealord"-Punsch

Die Teebeutel mit dem kalten Wasser in einem großen Gefäß 1 Stunde ziehen lassen (eventuell im Kühlschrank). Inzwischen die Schale von den Zitronen entfernen und in dünne Streifen schneiden; die Zitronen auspressen und den Saft auffangen. Dann die Schalen und den Saft zu dem Tee geben. Abdecken und über Nacht bei Raumtemperatur stehen lassen. Vor dem Servieren den Tee, den Rum, den Ananassaft und beide Brandies über Eis in eine Punschschüssel füllen.

Für ca. 2,5 Liter

3 Beutel (à 1,75g) Oolong-Tee
1 l Wasser
10 unbehandelte Zitronen
700 ml brauner Rum
400 ml ungesüßter Ananassaft
100 ml Brandy
50 ml Pfirsich-Brandy
Eiswürfel

Arranciata

Den grünen Tee und den Pfefferminztee zubereiten und 4 Minuten ziehen lassen, dann abseihen. Nach dem Abkühlen in eine Schüssel geben und Orangensaft, Honig, Vanilleeis sowie Eis hinzufügen. Dann alles gut vermischen. Mit Schlagsahne anrichten.

Für 4 Portionen

5 Beutel (à 1,75 g) aromatisierter Grüntee (Orange)
1 Beutel Pfefferminztee
200 ml heißes Wasser
300 ml Orangensaft
2 TL flüssiger Honig
200 ml Vanilleeis
5 EL zerstoßene Eiswürfel
Schlagsahne

Zitroneneis-Tee

Die Teebeutel aufschneiden und den Inhalt mit dem Eis vermischen. Dann den Zitronensaft dazugeben und alles gut verrühren. Mit Zitronenstücken garnieren.

Für 1 großes Glas

2 Teebeutel (à 1,75 g) aromatisierter Grüntee (Zitrone)
3 Kugeln Vanilleeis
1/2 TL Zitronensaft
3 geschälte Zitronenscheiben in Stücken

Teerezepte aus aller Welt

Für 2 Gläser

1 TL grüner Tee
50 ml heißes Wasser
150 ml kaltes Wasser
100 ml Bananen-Nektar
100 ml Ananas-Nektar
Eiswürfel

Für 5 Gläser

12 TL grüner Tee, 1 l Wasser
1 gestrichener TL gemahlener Ingwer
1 gestrichener TL Zimtpulver
4 Gewürznelken, 10 zerriebene Pfefferminzblätter
Saft von 3 Zitronen
Zucker, Eiswürfel

Für 2 Portionen

500 ml Wasser
2 TL grüner Bancha-Tee
4 reife Aprikosen
etwas kochendes Wasser
Saft von 1 Zitrone
2 TL Puderzucker
Eiswürfel
3 Kugeln Vanilleeis

Bananen-Eistee

Den Tee mit dem heißen Wasser aufgießen und 5 Minuten ziehen lassen. Nach dem Abseihen den Tee in einen Krug gießen und mit dem kalten Wasser auffüllen. Den Tee mit dem Bananen- und dem Ananas-Nektar verrühren. In Gläsern zusammen mit Eiswürfeln servieren.

Würziger Eistee

Den Tee zusammen mit den Gewürzen aufbrühen. Nach 7 Minuten abseihen. Mit Zitronensaft sowie Zucker abschmecken und abkühlen lassen. Den Tee in Gläsern mit Eiswürfeln reichen.

Aprikosen-Shake

Mit der Hälfte des Wassers einen ersten Tee-Aufguss bereiten und diesen nach 90 Sekunden weggießen. Die Aprikosen mit kochendem Wasser übergießen, die Häute abziehen und die Früchte in kleine Stücke schneiden. Diese im Mixer zusammen mit dem Zitronensaft und dem Puderzucker pürieren. Den zweiten Tee-Aufguss zubereiten und ihn nach 3 Minuten über Eiswürfel abseihen. Den grünen Tee zum Aprikosenpüree in den Mixer gießen, Vanilleeiskugeln zufügen und alles zusammen schaumig schlagen.

Coole Drinks

Apfel-Flip

Mit der Hälfte des Wassers einen ersten Tee-Aufguss bereiten und diesen nach 90 Sekunden weggießen; den zweiten Aufguss 3 Minuten ziehen lassen, abseihen und abkühlen lassen. Den Apfel schälen, in schmale Scheiben schneiden und diese in den Apfel- und Zitronensaft legen. Die Apfelscheiben in 2 Gläser füllen. Darüber den abgekühlten grünen Tee gießen; falls er nicht kalt genug ist, Eiswürfel dazugeben.

Für 2 Gläser

500 ml Wasser
2 TL grüner Gunpowder-Tee
1 kleiner Apfel
100 ml klarer Apfelsaft
50 ml Zitronensaft
Eiswürfel

Flip „Humphrey Bogart"

Den Tee, den Saft und den Passionsfruchtsirup in einen Cocktail-Shaker oder einen Becher mit Deckel geben. Schütteln bis das Getränk kalt und schaumig ist. In Gläsern mit Eiswürfel gießen.

Für 2 Gläser

225 ml abgekühlter grüner Tee
(sehr geeignet ist
Marokkanischer Minztee)
100 ml Saft von tropischen
Früchten (z. B. 1/3 Ananassaft,
2/3 Orangensaft und 1 Spritzer
Passionsfruchtsirup)
30 ml Passionsfruchtsirup
Eiswürfel

Papaya-Tee

Den Tee zubereiten und abkühlen lassen. Den Papayanektar und den Honig dazugießen und alles gut verrühren. In Gläser mit Eiswürfel gießen.

Für 3 Gläser

5 TL grüner Tee
275 ml Wasser
275 ml Papaya-Nektar
3 TL Honig
Eiswürfel

Teerezepte aus aller Welt

Für 5 Gläser

*4 Beutel grüner Tee
Marokkanische Minze
275 ml heißes Wasser
400 ml Apfelsaft
200 ml Mineralwasser mit
Kohlensäure
Eiswürfel*

Apfelsaft-Tee

Den Tee 4 Minuten in heißem Wasser ziehen lassen. Dann die Teebeutel leicht ausdrücken und herausnehmen. Apfelsaft und Mineralwasser hinzufügen. Zuletzt das Getränk in Gläser mit Eiswürfel gießen.

Für 4 Gläser

*5 TL grüner Tee
275 ml Wasser
50 g fein gehackter
kristallisierter Ingwer
550 ml gekühltes Ginger Ale
Eiswürfel*

Ginger-Ale-Tee

Den Tee zubereiten und abkühlen lassen. Den Ingwer in den Tee geben und mindestens 3 Stunden einfrieren. Dann den Ingwer abseihen und den Tee zusammen mit dem Ginger Ale in Gläser mit Eis füllen.

Für 2 Gläser

*1 TL grüner Tee
50 ml Wasser
150 ml kaltes Wasser
200 ml frisch gepresster
Orangensaft
4–6 Scheiben 1 unbehandelten
Zitrone
Eiswürfel*

Cool Orange

Den Tee mit den 50 ml heißem Wasser aufgießen und 5 Minuten ziehen lassen. Nach dem Abseihen den Tee in einen Krug gießen und mit dem kalten Wasser auffüllen. Anschließend den Tee mit dem Orangensaft verrühren. In Gläsern mit Zitronenscheiben und Eiswürfeln servieren.

Kulinarische Rezepte mit Tee

Kulinarische Rezepte mit Tee

Kuchen und Kekse mit Tee

Für 8 Personen

150 g Margarine
300 g Zucker
2 frische Eier
1 TL Zimtpulver
400 g Mehl
1 TL Backpulver
150 ml grüner Tee
200 g gehackte Nüsse
600 g gewürfelte Äpfel

Außerdem:
Butter bzw. Mehl zum Ausfetten bzw. Bemehlen der Form

Grüntee-Apfelkuchen

Die Margarine und den Zucker cremig schlagen. Dann die Eier sowie den Zimt dazugeben und alles gut verrühren. Den Backofen auf 180 °C vorheizen. Inzwischen das Mehl und das Backpulver sieben und abwechselnd mit dem Tee zur Margarine-Mischung geben. Zuletzt die Nüsse und die Äpfel unterheben und alles gut zu einer Teigmasse vermengen. Eine große Kastenform ausfetten und mit Mehl bestreuen. In die Kastenform füllen und 45 Minuten backen.

Tipp
Nach dem Abkühlen den Kuchen eventuell mit Zuckerguss oder Kuvertüre bestreichen.

Für 8 Personen

6 Beutel (à 1,75g) aromatisierter Grüntee mit Zitronengeschmack
500 g Quark
100 g Zucker
2 frische Eier
1 fertiger Mürbeteig-Tortenboden

Zitronen-Käsekuchen mit Grüntee

Den Inhalt der Teebeutel, den Quark und den Zucker in eine Schüssel geben. Mit einem Handrührgerät gut vermischen. Die Eier hinzufügen und gut verrühren. Die Quarkmasse auf den Tortenboden geben und im auf 180 °C vorgeheizten Backofen 40 Minuten backen. Nach dem Abkühlen den Kuchen mindestens 3 Stunden in den Kühlschrank stellen.

Kuchen und Kekse mit Tee

Johannisbeer-Kuchen

Die Butter mit dem Zucker vermengen und das Mehl, den Inhalt zweier Teebeutel sowie die Eier hinzufügen. Alles zu einem glatten Teig verrühren. Diesen anschließend in eine gefettete Springform geben und im auf 190 °C vorgeheizten Backofen 20–25 Minuten backen. Auf einem Kuchengitter abkühlen lassen. Sobald der Kuchenboden abgekühlt ist, ihn horizontal in zwei Hälften schneiden. Die eine Hälfte wieder in die Springform legen und das Eis darauf verteilen. Dann die andere Hälfte darauf legen. Die Springform 3–4 Stunden in das Gefrierfach stellen. Danach den Kuchen aus der Form nehmen. Den Inhalt der anderen beiden Teebeutel in die flüssige Schlagsahne rühren, diese aufschlagen und schnell eine Sahnelage auf dem Kuchen verteilen. Den Kuchen erneut 10 Minuten in das Gefrierfach stellen. Anschließend mit frischen Rosinen bestreuen und servieren.

Für 8 Personen

150 g extrafeiner Zucker
150 g Butter
300 g Mehl
4 Beutel (à 1,75g) aromatisierter Grüntee (schwarze Johannisbeere)
3 frische Eier
1,5 l Vanilleeis
500 ml Schlagsahne
400 g frische ungeschwefelte Rosinen

Grüntee-Kekse

Das Mehl mit dem Zucker, dem Backpulver, dem Salz und dem Ingwer vermischen. Die Butter zusammen mit den Eiern in den lauwarmen Tee rühren und die Masse anschließend zu der Mehlmischung geben. Alles zu einem festen Teig verkneten. Den Teig auf einer bemehlten Arbeitsfläche ausrollen und Formen ausstechen. Die Kekse auf ein gefettetes Backblech geben und im auf 180 °C vorgeheizten Ofen 25–30 Minuten ausbacken.

Für 8 Personen

400 g Mehl
150 g Zucker
1 TL Backpulver
1 Prise Salz
½ TL geriebener Ingwer
50 g weiche Butter
2 frische Eier
100 ml starker grüner Tee

Kulinarische Rezepte mit Tee

Für 1 Blech

250 g Mehl
250 g Puderzucker
150 g weiche Butter
200 g Zucker
200 g Kokosraspel
250 g Quark
2 frische Eier
½ TL Backpulver
1 Prise Salz
12 Beutel (à 1,75 g) aromatisierten Grüntee mit Zitronengeschmack (oder jede beliebige andere Geschmacksrichtung)
1 EL Zitronensaft

Tee-Zitronen-Stäbchen

200 Gramm Mehl mit 50 Gramm Puderzucker und 100 Gramm Butter vermischen, bis der Teig krümelig ist. Den Teig auf ein gefettetes Backblech (ca. 20 × 30 cm) geben und fest andrücken. Ihn 7–10 Minuten im auf 190 °C vorgeheizten Ofen backen, bis er leicht gebräunt ist. Inzwischen für die Füllung den Zucker mit den Kokosraspeln und dem Quark gut verrühren. Die Eier, das übrige Mehl, das Backpulver, etwas Salz, den Inhalt von 10 Teebeuteln und 2 Esslöffel zerlassene Butter unterrühren, bis alles gut vermischt ist. Die Masse auf dem vorgebackenen Boden verteilen. Diesen nochmals 15–20 Minuten bei 190 °C backen. Für den Guss 200 Gramm Puderzucker, 1 Esslöffel weiche Butter, den Zitronensaft und den Inhalt der übrigen beiden Teebeutel verrühren. Die Masse auf dem gebackenen Teig verteilen, solange er noch warm ist. Abkühlen lassen und in Streifen schneiden.

Gebäck zum grünen Tee

Teekuchen

In einer Schüssel die Butter, den Zucker, die Eier, das Salz und die geriebene Zitronenschale schaumig rühren. Dann das Mehl, das Backpulver, den Rum, die kandierten Früchte, die gehackten Mandeln und die Rosinen dazugeben. Alles gut verrühren. Den Teig in eine gefettete Kastenform füllen und im auf 160 °C vorgeheizten Ofen ca. 1 Stunde backen. Den erkalteten Teekuchen mit Puderzucker bestreuen.

Tipp
In einer Alufolie bleibt dieser Teekuchen wochenlang frisch.

Für 1 Kastenform

200 g Butter
150 g Zucker
4 frische Eier
1 Prise Salz
abgeriebene Schale von 1 unbehandelten Zitrone
300 g Mehl
½ Päckchen Backpulver
1 EL Rum
70 g Orangeat und Zitronat
70 g gehackte Mandeln
50 g ungeschwefelte Rosinen
Puderzucker zum Bestreuen

Muffins

In einer Schüssel Mehl, Backpulver und Zucker vermischen. Die Milch, das Ei, etwas Öl und die Butter in einer anderen Schüssel verrühren, dann unter die Mehlmischung heben. Der Teig darf ruhig etwas klumpig bleiben; das macht die Muffins lockerer. Den Teig in Muffinförmchen geben und im auf 200 °C vorgeheizten Ofen 25–30 Minuten bei backen. Die Muffins am besten noch warm servieren.

Für ca. 6–8 Stück

175 g Mehl
½ TL Backpulver
2 EL Zucker
180 ml Milch
1 frisches Ei
etwas Öl
80 g Butter

Kulinarische Rezepte mit Tee

Für ca. 10 Stück

250 g Mehl
½ Päckchen Backpulver
30 g Butter
100 g Zucker
150 ml Milch
1 frisches Ei
50 g ungeschwefelte Rosinen

Rosinenbrötchen

Das Mehl mit dem Backpulver, der Butter und dem Zucker vermengen. Dann die Milch und das verquirlte Ei unterrühren. Zum Schluss die Rosinen dazugeben. Einen Teig kneten und eine armdicke Rolle formen. Diese in Stücke schneiden und daraus die Brötchen formen. Die Brötchen auf ein gefettetes Backblech setzen und kreuzweise einschneiden. Dann mit Milch bestreichen und im vorgeheizten Ofen bei 200 °C 10–15 Minuten hellbraun ausbacken.

Für ca. 10 Stück

etwas warme Milch
etwas Zucker
10 g Hefe
250 g Mehl
50 g Zucker
50 g Butter
1 frisches Ei
½ TL gemahlene Nelken
½ TL gemahlener Zimt
½ TL gemahlene Muskatnuss
1 Prise Salz
60 g ungeschwefelte Rosinen
1 frisches Eigelb

Rosinenbrötchen mit Hefe

Aus warmer Milch, Zucker, Hefe und 1 Esslöffel Mehl einen Vorteig rühren. Diesen 30 Minuten an einem warmen Ort gehen lassen. Das restliche Mehl mit dem Zucker, der Butter, dem Ei, den Gewürzen und den Rosinen gründlich verkneten. Zusammen mit dem Vorteig zu einem glatten Teig kneten. Diesen dann so lange gehen lassen, bis er den doppelten Umfang erreicht hat. Danach die Brötchen formen, auf ein gefettetes Backblech setzen und nochmals eine Weile gehen lassen. Die Brötchen kreuzweise einschneiden und mit Eigelb bestreichen. Die Rosinenbrötchen im auf 200 °C vorgeheizten Ofen 10 Minuten backen.

Gebäck zum grünen Tee

Englische Teebrötchen (Scones)

Alle Zutaten zu einem Teig verrühren, der fest bleiben sollte. 30 Minuten ruhen lassen. Dann den Teig ausrollen und Vierecke ausschneiden. Diese auf ein bemehltes Backblech legen und im auf 200 °C vorgeheizten Ofen 10–15 Minuten backen. Solange sie noch warm sind, mit Butter bestreichen und servieren.

Für ca. 8 Stück

250 g Mehl
1 EL Butter
1 Prise Salz
1 TL Backpulver
etwas Buttermilch

Mandelküchlein

Das Mehl mit dem Backpulver vermischen und eine Mulde eindrücken. In diese den Puderzucker, den Ingwer, die geriebenen Mandeln, das Eigelb, das Öl und den Weinbrand geben. Alles zu einem festen Teig verkneten und daraus kleine Kugeln formen. Diese auf ein Backblech setzen, flach drücken und jeweils mit einer ganzen Mandel belegen. Die Küchlein im auf 200 °C vorgeheizten Ofen 20 Minuten backen.

Für 1 Blech

200 g Mehl
1 gestrichener TL Backpulver
100 g Puderzucker
1 TL geriebener Ingwer
50 g geriebene Mandeln
1 frisches Eigelb
5–6 EL Öl
1 Schuss Weinbrand
ganze Mandeln

Sesamtäfelchen

Einen Zuckersirup bereiten, indem man die Sahne, den braunen Zucker und das Wasser in einem Topf erhitzt und eindicken lässt. Inzwischen die Sesamkörner in einer fettfreien Pfanne rösten. Sobald der Sirup fertig ist, die Sesamkörner einrühren. Die Masse danach auf ein Backblech oder eine Platte streichen. Sobald sie fest und abgekühlt ist, in Täfelchen zerteilen.

Für 1 Blech

4 EL Schlagsahne
200 g brauner Zucker
100 ml Wasser
50 g Sesamkörner

Kulinarische Rezepte mit Tee

Für 1 Blech

150 g Butter
60 g feiner Zucker
1 Päckchen Vanillezucker
1 Prise Salz
abgeriebene Schale von
1 unbehandelten Zitrone
250 g Mehl
1 gestrichener TL Backpulver
evtl. ein kleines Glas Wasser
1–2 frische Eigelb
100 g Mandelsplitter

Mandelplätzchen

Die Butter, den Zucker, den Vanillezucker, das Salz und die abgeriebene Zitronenschale schaumig verrühren. Das Mehl, das Backpulver und evtl. ein Glas Wasser dazugeben. Daraus einen glatten Teig kneten. Sollte er zu klebrig sein, kann man ihn eine Zeit lang in den Kühlschrank stellen. Dann den Teig ausrollen und mit Förmchen ausstechen. Die Plätzchen auf ein ausgefettetes Backblech setzen, mit verrührtem Eigelb bestreichen und einige Mandelsplitter darauf verteilen. Im auf 160 °C vorgeheizten Backofen etwa 10 Minuten backen.

Hauptgerichte mit Tee

Zimt-Apfel-Truthahn

Die Truthahnstreifen in einem Topf mit der Butter und dem Inhalt zweier Teebeutel kurz anbraten. Den Backofen auf 180 °C vorheizen. Die Äpfel in Scheiben schneiden und zu dem Truthahn geben; das Ganze noch zwei Minuten kochen lassen. Dann die Hühnerbrühe hinzufügen und nochmals einige Minuten kochen lassen. Den Truthahn in eine Bratform geben und mit dem Inhalt eines Teebeutels bestreuen. 40 Minuten braten lassen.

In einem kleinen Topf die Stärke, die Kondensmilch und den Inhalt eines Teebeutels vermischen. Die Sauce zu dem Truthahn geben und nochmal zehn Minuten braten.

Für 750 g Truthahnfleisch

750 g in dünne Streifen geschnittene Truthahnbrust
2 EL Butter
2 Äpfel
4 Beutel Grüntee mit Apfel-Zimt-Geschmack
2 TL Stärke
125 ml saure Sahne
75 ml Hühnerbrühe

Glasierter Apfel-Zimt-Schinken

Den Tee mit dem Wasser aufbrühen und vier Minuten ziehen lassen. Die Teebeutel entfernen und den Tee in einem Topf mit dem Getreidesirup und dem braunen Zucker verrühren. Die Sauce zum Kochen bringen und abkühlen lassen. Die Sirupsauce über den Schinken gießen und 1 Stunde in einer Bratform im Backofen bei 180 °C braten, bis er braun glasiert ist.

Für 2,25 kg Schinken

5 Beutel grüner Tee mit Apfel-Zimt-Geschmack
100 ml heißes Wasser
200 ml Getreidesirup
75 g brauner Zucker
2,25 kg vorgekochter Schinken

Kulinarische Rezepte mit Tee

Glasierte Schweinelende

Für 1 Schweinelende

200 ml Getreidesirup
75 g brauner Zucker
4 Beutel grüner Tee mit Himbeer-Geschmack
100 ml heißes Wasser
1 mittelgroße Schweinelende

Den Getreidesirup mit dem braunen Zucker in einem Topf vermischen. Eine Minute kochen lassen. Die Teebeutel mit dem heißen Wasser überbrühen und vier Minuten ziehen lassen. Die Teebeutel entfernen und den Tee zum Sirup geben. Die Sauce zum Kochen bringen und abkühlen lassen.

Die Sauce über die Schweinelende gießen und 2 1/2 Stunden bei 180 °C im Backofen braten, bis die Lende glasiert ist.

Lemon-Heilbutt

Für 4 Personen

500 g Heilbuttsteak oder -filet
4 EL Milch
4 EL Sherry oder Weißwein
je 2 Prisen Salz, Pfeffer, Knoblauchpulver
2 Beutel (à 1,75 g) aromatisierter Grüntee mit Zitronengeschmack
je 50 g in Scheiben geschnittene Zwiebel und Pilze

Den Backofen auf 160 °C vorheizen. Inzwischen den Heilbutt in eine Bratform legen und Milch sowie Sherry hinzufügen. Mit je 1 Prise Salz, Pfeffer, Knoblauchpulver und dem Inhalt eines Teebeutels bestreuen. Die Zwiebel- und Pilzscheiben auf den Fisch legen. Nochmals mit jeweils 1 Prise Salz, Pfeffer, Knoblauchpulver und dem Inhalt des zweiten Teebeutels bestreuen. Den Deckel auf die Form setzen und den Fisch 25 Minuten backen.

Lemon-Dill-Lachs-Creme

Für 4 Personen

350 g gehäuteten Lachs ohne Gräten, 150 g weiche Butter
2 Beutel (à 1,75 g) aromatisierter Grüntee mit Zitronengeschmack

Den Lachs fein zerstückeln und zusammen mit der Butter, dem Teepulver, dem Wasser sowie dem Dill in eine Schüssel geben. Mit einem Mixer alle Zutaten so lange pürieren, bis sie cremig sind. Die Creme in einer kleinen Schüssel servieren. Sie

Hauptgerichte mit Tee

schmeckt sehr gut zu Knabberstangen und rohem Gemüse.

1 EL Wasser
2 TL gehackten frischen Dill
Salz und Pfeffer

Lemon-Sauerrahm

Für 4 Personen

Den Inhalt des Teebeutels zusammen mit dem Sauerrahm in einer kleinen Schüssel gut verrühren. Schmeckt gut zu gebackenen Kartoffeln oder als Meeresfrüchte-Dip.

1 Beutel (à 1,75 g) aromatisierter Grüntee mit Zitronengeschmack
300 g Sauerrahm

Zitronen-Chowder

Für 4 Personen

Olivenöl, Kartoffeln, Pilze, Kammmuscheln, Hühnerbouillon, den Inhalt eines Teebeutels, Salz und Pfeffer in einen großen Suppentopf geben. Bei mittlerer Hitze 20 Minuten kochen. Während die Suppenbasis kocht, Quark, Kondensmilch, Butter und den Inhalt der übrigen Teebeutel in einen kleinen Topf geben. 15 Minuten bei schwacher Hitze köcheln, dabei ständig mit einem Schneebesen umrühren, bis die Sauce cremig wird. Sie dann zusammen mit dem Wasser zu der Suppenbasis geben. Die Suppe gut umrühren. Die Hitze reduzieren und das Ganze nochmals 20 Minuten köcheln.

1 EL Olivenöl
600 g geschälte und gewürfelte Kartoffeln
1 Dose Pilze (340 g)
1 Dose Kammmuscheln (oder andere Meeresfrüchte)
1 TL Hühnerbouillon
4 Beutel (à 1,75 g) aromatisierter Grüntee mit Zitronengeschmack
½ TL Salz
½ TL Pfeffer
225 g Quark (evtl. Magerquark)
½ Büchse Kondensmilch
1 EL Butter
2 Tassen Wasser

Kulinarische Rezepte mit Tee

Für 4 Personen

8 Beutel (à 1,75 g) aromatisierter Grüntee mit Zitronengeschmack
200 ml Balsamico-Essig
50 ml Wasser
50 ml kaltgepresstes Olivenöl

Lemon-Vinaigrette

Den Inhalt der Teebeutel mit den restlichen Zutaten in einen verschließbaren Becher geben und gut durchschütteln. Kühl stellen. Als Sauce zu Salat oder Nudeln verwenden.

Für 4–6 Personen

2 EL Olivenöl
4 knochenlose gehäutete Hähnchenbrüste, in Streifen geschnitten
450 g gemischtes TK- oder frisches Gemüse
3 Beutel (à 1,75 g) aromatisierter Grüntee mit Zitronengeschmack
250 g Quark, 100 ml Milch
250 g gekochte Bandnudeln

Hühnchen mit Bandnudeln und Zitronencremesauce

Olivenöl, Hähnchenbrüste und Gemüse in einen Topf geben und bei mittlerer Hitze ca. 15 Minuten schmoren, bis das Hühnchenfleisch gar ist. In einem Saucentopf den Inhalt der Teebeutel, den Quark und die Milch verrühren. Bei schwacher Hitze köcheln lassen, bis die Sauce cremig ist. Die Bandnudeln nach Packungsanweisung kochen, auf einer Platte servieren, die Hähnchen-Gemüse-Mischung darübergeben und darauf die Zitronensauce verteilen.

Für 4 Personen

800 g frische Pilze
1 EL klein gehackte Knoblauchzehe, 600 ml Wasser
1 EL Butter oder Margarine
3 Beutel (à 1,75 g) aromatisierter Grüntee mit Zitronengeschmack

Zitronen-Knoblauch-Pilze

Die geputzten Pilze, den geschnittenen Knoblauch und das Wasser in einen Topf geben. Bei mittlerer Hitze so lange kochen, bis die Pilze weich sind. Die Pilze entwässern und den Knoblauch entfernen. Danach die Pilze zusammen mit der Butter und dem Inhalt der Teebeutel wieder in den Topf geben. 5 Minuten anbraten und servieren.

Hauptgerichte mit Tee

Zitronen-Knoblauch-Kartoffelbrei

Die Kartoffeln schälen und in Würfel schneiden. Diese mit genügend Wasser in einen Topf geben. 4 Teebeutel und die Knoblauchscheiben dazugeben. Das Wasser zum Kochen bringen, die Hitze reduzieren und alles so lange kochen, bis die Kartoffeln leicht zerdrückt werden können (ca. 30 Minuten). Die Kartoffeln abschütten und die Teebeutel sowie den Knoblauch entfernen. Dann die Kartoffeln zusammen mit der Butter, der Milch und dem Inhalt der beiden übrigen Teebeutel in eine Schüssel geben und mit dem Handrührgerät zu Brei rühren.

Für 4 Personen

1,5 kg Kartoffeln
1–1,5 l Wasser
6 Beutel (à 1,75 g) aromatisierter Grüntee mit Zitronengeschmack
1 EL in feine Scheiben geschnittener Knoblauch
100 g Butter
2 El Milch

Mango-Rinderbraten

Die Teebeutel mit dem Wasser zubereiten, 4 Minuten ziehen lassen. Die Teebeutel entfernen und den Tee in einen Topf geben. Getreidesirup und braunen Zucker dazugeben. Gut verrühren und 1 Minute köcheln lassen. Die Sauce zum Kochen bringen und anschließend abkühlen lassen. Sie dann zusammen mit der Mangosauce und dem Braten in einen Topf geben und alles 8–10 Stunden bei schwacher Hitze kochen.

Für 4 Personen

4 Beutel (à 1,75 g) aromatisierter Grüntee mit Mango-/Passionsfruchtgeschmack
100 ml Wasser
100 ml Getreidesirup
70 g brauner Zucker
500–600 g Rinderbraten (Bug oder Keule)
250 ml Mangosauce

Kulinarische Rezepte mit Tee

Desserts

Tropischer Salat

Für 4 Personen

800 ml Schlagsahne
10 Beutel (à 1,75 g) aromatisierter Grüntee mit Mango-Passionsfruchtgeschmack
300 g Mangowürfel
300 g Ananaswürfel
300 g frische Erdbeeren
300 g Weintrauben
1 Apfel
1 Orange
150 g Kokosraspel

Die Sahne in einer Schüssel zusammen mit dem Inhalt der Teebeutel mischen. 20 Minuten bei Raumtemperatur stehen lassen. Inzwischen Erdbeeren, Weintrauben und Apfel waschen, evtl. verlesen und trockentupfen. Die Erdbeeren vierteln, den Apfel halbieren, vom Kerngehäuse befreien und in Würfel schneiden. Die Orange schälen und in Scheiben schneiden. Dann das ganze Obst in eine große Schüssel geben und mit dem Mango-Sahne-Dressing verrühren. Zum Servieren mit den Kokosraspeln bestreuen.

Rosenblütengelee

Für 2 Pfund

28 Beutel (à 1,75 g) oder 60 g loser aromatisierter Grüntee mit Rosenblütenaroma
400 ml Wasser
100 ml weißer Traubensaft
100 ml roter Traubensaft
60 g Pektin
600 g Zucker

Den Tee mit dem heißen Wasser überbrühen. 5 Minuten ziehen lassen und abseihen. Den Tee in einen Kochtopf geben und die Säfte sowie das Pektin dazugeben. 1 Minute kochen lassen. Den Zucker hinzufügen und gut verrühren. 1 weitere Minute kochen lassen. Den Topf von der Herdplatte nehmen. Die Flüssigkeit sollte zu einem weichen Gelee werden. Um dies zu testen, einen Teelöffel der heißen Flüssigkeit auf eine Untertasse geben und abkühlen lassen. Die Oberfläche sollte Dellen bilden, wenn man sie mit dem Finger eindrückt. Wenn sie noch verläuft, nochmals solange kochen, bis das Gelee fest wird. Das noch heiße Gelee in Einweckgläser füllen.

Desserts

Johannisbeer-Joghurt

Die Teebeutel öffnen und den Inhalt zu dem Joghurt geben. Den Honig hinzufügen und alles gut verrühren. Vor dem Servieren einige Minuten stehen lassen.

Für 4 Personen

*2 Beutel (à 1,75 g)
aromatisierter Grüntee
(schwarze Johannisbeere)
450 g Joghurt
2 EL flüssiger Honig*

Zitronen-Joghurt

Die Teebeutel öffnen und den Inhalt mit dem Joghurt vermischen. Den Honig dazugeben und gut umrühren. Etwas stehen lassen, damit das Teepulver weich wird.

Für 4 Personen

*2 Beutel (à 1,75 g)
aromatisierter Grüntee mit
Zitronengeschmack
450 g Joghurt
2 EL flüssiger Honig*

Zitronen-Quark

Den Inhalt der Teebeutel in einer kleinen Schüssel mit dem Quark verrühren. Schmeckt gut auf Bagels und Crackern.

Für 4 Personen

*5 Beutel (à 1,75 g)
aromatisierter Grüntee mit
Zitronengeschmack
250 g Quark*

Johannisbeer-Quark

In einer Schüssel den Inhalt der Teebeutel mit dem Quark verrühren.

Für 4 Personen

*5 Beutel (à 1,75 g)
aromatisierter Grüntee
(schwarze Johannisbeere)
250 g Quark*

Kulinarische Rezepte mit Tee

Für 4 Personen

100 ml Wasser
2 EL Butter
2 EL brauner Zucker
8 Beutel (à 1,75 g)
aromatisierter Grüntee
(schwarze Johannisbeere)

Johannisbeer-Dessert-Sauce

Wasser, Butter und braunen Zucker in einem Topf vermischen und zum Kochen bringen. Den Inhalt der Teebeutel hinzufügen. Alles gut umrühren und etwa 2 Minuten köcheln lassen. Die Sauce schmeckt gut zu Eiscreme.

Für 4 Personen

2 Beutel (à 1,75 g)
aromatisierter grüner Tee
(schwarze Johannisbeere)
400 ml Vanilleeiscreme
1 Schuss schwarzer
Johannisbeer-Sirup

Johannisbeer-Traum

Die Teebeutel aufschneiden und den Inhalt mit dem Eis vermischen. Den Sirup hinzufügen und alles gut verrühren.

Für 4 Personen

8 Beutel (à 1,75 g) aromatisierter Grüntee (wilde Himbeere)
450 g Joghurt
2 frische Eier
50 ml Wasser
1 EL Backpulver
400 g Mehl

Himbeer-Joghurt-Waffeln

Die Teebeutel öffnen und den Inhalt in den Joghurt rühren. Eier und Wasser einrühren. Langsam die restlichen Zutaten dazugeben und alles gut verrühren. Dann den Teig portionsweise in ein Waffeleisen geben und Waffeln daraus backen.

Desserts

Tee-Auflauf

Die Sahne zum Sieden bringen und den Tee hineinschütten. Zugedeckt an einem warmen Ort ziehen lassen. Durch ein Sieb gießen und kalt stellen. In den ausgekühlten Sahnetee den Zucker einrühren, die Butter und das Mehl sowie eine Prise Salz. Bei schwacher Hitze unter Umrühren zu einem steifen Brei kochen. In eine Schüssel schütten und leicht auskühlen lassen. Mit den Eigelben vermischen und danach den steif geschlagenen Eischnee unterziehen. Die Masse in eine gebutterte feuerfeste Form geben und bei mäßiger Hitze 45 Minuten im Ofen backen. Mit Zucker bestreuen und heiß servieren.

Für 2–4 Personen

500 ml Sahne
2 EL grüner Tee
70 g Kandis
50 g Butter
70 g Weizen- oder Kartoffelmehl
1 Prise Salz
3–4 frische Eigelb
3–4 steif geschlagene frische Eiweiß

Exotic-Eisbecher

Die Teebeutel aufschneiden und den Inhalt zu dem Eis in eine Schüssel geben. Den Sirup dazugeben und alles gut vermischen. Das Eis in einem Eisbecher mit Schlagsahne anrichten.

Für 1 Eisbecher

2 Beutel (à 1,75 g) aromatisierter Grüntee mit Mango-/Passionsfruchtgeschmack
2 Kugeln Vanilleeis
1 Schuss Passionsfruchtsirup
Schlagsahne

Kulinarische Rezepte mit Tee

Für 8 Portionen

5 Beutel (à 1,75 g) aromatisierter Grüntee mit Zitronengeschmack
½ TL Piment
200 ml heißes Wasser
200 ml abgekochte Kondensmilch
3 frische Eigelb
300 g Zucker
1 Prise Salz
1 EL Zitronensaft
2 TL abgeriebene Schale von 1 unbehandelten Zitrone
3 frische Eiweiß
200 ml süße Sahne
200 g Kokosnussraspel

Für 2 Portionen

2 Beutel aromatisierter Grüntee (wilde Himbeere)
4 Kugeln Vanilleeis
1 Schuss Himbeersirup

Coconut Dream

Die Teebeutel zusammen mit dem Piment in eine Schüssel geben. Das heiße, aber nicht mehr kochende Wasser über den Tee gießen und sofort die Kondensmilch hinzufügen. Den Tee 5 Minuten ziehen lassen. Auf Raumtemperatur abkühlen lassen. Die Eigelbe mit 200 Gramm Zucker und dem Salz verquirlen. Die abgekühlte Teemischung hinzufügen und im Wasserbad unter ständigem Umrühren kochen, bis sie eingedickt ist. Abkühlen lassen. Zitronensaft und -schale hinzufügen. Die Eiweiße schlagen, bis sie steif sind, und dabei den übrigen Zucker einrieseln lassen. Die Sahne schlagen. Das Eiweiß und die geschlagene Sahne unter die Teemischung heben und diese ins Gefrierfach stellen. Sobald die Masse halb gefroren ist, die Kokosraspel unterrühren. Anschließend wieder ins Gefrierfach stellen, bis das Eis ganz fest ist.

Himbeer-Fantasie

Die Teebeutel öffnen und den Inhalt mit dem Eis und dem Sirup gut verrühren. In Eisschalen gekühlt servieren.

Grüner Tee für die Gesundheit

Grüner Tee für die Gesundheit

Inhaltsstoffe und Wirkung von grünem Tee

Die alternative „sanfte" Medizin der Selbstbehandlung hat die zahlreichen sekundären Pflanzenstoffe im grünen Tee entdeckt: die Vitamine, Minerale und Spurenelemente, Bitter- und Gerbstoffe, ätherischen Öle und Catechine (EGCG). Selbst das Koffein kann in der langsam wirkenden Grüntee-Variante seine positiven Wirkungen besser entfalten. In den Heilanzeigen ist immer wieder von den „Radikalenfängern" die Rede. Was versteht man darunter?

Die Radikalenfänger

Die Adern werden vor allem von den freien Sauerstoffradikalen geschädigt. Das sind höchst instabile Atome oder Moleküle im menschlichen Stoffwechsel, die heftig bemüht sind, sich mit anderen Atomen oder Molekülen zu verbinden. Oxidation nennt man jede Verbindung mit Sauerstoff. Das geht tatsächlich oft radikal vor sich: In reinem Sauerstoff verbrennt ein Nagel aus Eisen wie ein Streichholz. Im menschlichen Körper findet die Oxidation vor allem bei der Atmung statt. Ungefähr 450 Liter Sauerstoff atmen wir täglich ein. Er oxidiert den roten Blutfarbstoff, um sich von ihm im Körper verteilen zu lassen. Dabei entstehen die freien Radikalen ebenso wie durch eingeatmete Schadstoffe, also durch Stickoxide, Tabakrauch, Ozon, aber auch verstärkte ultraviolette Strahlung. So hat man bei Rauchern die doppelte Konzentration von Reaktionsprodukten gefunden.

Die freien Radikalen greifen unaufhörlich Körperzellen an. Man schätzt, dass jede von ihnen Tag für Tag etwa 10 000 solcher Angriffe ausgesetzt ist. Daraus haben die Zellen Schutzfunktionen entwickelt, die vereinfacht gesagt von körpereigenen Enzymen und aufgenommenen Vitaminen in Gang gesetzt werden. Neben dem wasserlöslichen Vitamin C ist vor allem das fettlösliche Vitamin E daran beteiligt. Sie schützen die Körperzellen vor dem Angriff freier Radikaler, die sich vor allem auf Lipide richten, besonders auf die mehrfach ungesättigten Fettsäuren. Sie können diese selbst radikal machen, sodass von ihnen eine ganze Reihe von Erkrankungen ausgelöst wird.

Besonders bei der Arteriosklerose spielen die Radikalen eine verhängnisvolle Rolle. Die Fette lagern die oxidierten Partikel an den Aderwänden ab, die Partikel werden von den Gefäßwänden aufgesogen und in so genannte Schaumzellen umgewandelt. Das ist der Anfang der Arterienverkalkung (siehe hierzu Seite 105). Grüner Tee hemmt diese Oxidation, weil er das Cholesterin davor schützt, verändert zu werden. Es entstehen weniger freie Radikale, und es werden mehr abgebaut. So ist es zu erklären, dass arteriosklerotische Krankheiten wie Angina pectoris, Herzinfarkt und Schlaganfall seltener auftreten, wenn regelmäßig grüner Tee getrunken wird.

Blutdruckregulierend

Die Bluthochdruck-Erkrankung hat sich seit Jahrzehnten epidemisch ausgebreitet. Sie wird in unserer überflussgesättigten Gesellschaft durch scharf gewürztes oder fettes Essen und übertriebene Hetze ausgelöst. An der Spitze blutdrucksenkender Maßnahmen sollte deshalb eindeutig eine bewusstere Lebensweise stehen. Aus medizinischer Sicht wird das Blut dickflüssiger, weil sich zuviel Eiweißfaserstoff (Fibrinogen) ansammelt. Zuviel davon macht das Blut sirupartig dick, es fließt langsamer, träger und erreicht nicht mehr die dünnsten Adern (Kapillaren). Dies sind die letzten Enden der Versorgungsleitungen von Geweben und Organen. Sie werden nicht mehr ausreichend mit frischem Blut versorgt.

Es gibt eine lange Liste pflanzlicher Wirkstoffe, die als blutdrucksenkend bekannt sind. Zu ihnen gehören auch die sekundären Pflanzenstoffe des grünen Tees. Sie filtern das überflüssige Fibrinogen aus dem Blutplasma, machen es dadurch flüssiger und fließender. Die

Die Warnzeichen

Erste Bluthochdruck-Warnzeichen sind kribbelnde, ständig kalte Füße und Hände, Ohrensausen, Schwindelgefühle sowie Müdigkeit. Gefährlich wird es, wenn Herzstiche und Wadenkrämpfe auftreten und es einem manchmal schwarz vor den Augen wird.

Notsignale der Unterversorgung mit frischem Blut verschwinden meist nach auffallend kurzer Zeit, wenn regelmäßig grüner Tee getrunken wird.

In Japan ist wissenschaftlich untersucht worden, welche Bestandteile des grünen

Grüner Tee für die Gesundheit

Tees es sind, die den Blutdruck senken. Bei einigen Stoffen ist die positive Wirkung definitiv nachgewiesen. Soweit

> **Was sind die Symptome?**
> ▶ Anzeigen auf dem Blutdruckmessgerät von über 165 zu 90,
> ▶ Atemnot,
> ▶ Leistungsschwäche,
> ▶ Schlafstörungen und Schwindel.
>
> **Die Ursachen sind :**
> ▶ Bewegungsmangel,
> ▶ zu hohe Cholesterinwerte,
> ▶ Rauchen,
> ▶ Stress,
> ▶ Übergewicht.

Stressfakoren die Auslöser sind, kann die beruhigende Wirkung einer kleinen Tasse grünen Tees schon eine gewisse Bremswirkung auf Hypertoniker ausüben.

Metastasenhemmend

Für die gesicherte Beobachtung, dass grüner Tee die Gefahr einer Krebserkrankung verringert, gibt es heute mehr als nur statistische Hinweise. Es ist inzwischen auch eindeutig nachgewiesen, daß ein ganz spezieller Inhaltsstoff des grünen Tees das Krebsenzym Urokinase blockiert, nämlich das Epigallocatechin-3-Gallat, abgekürzt EGCG. Zusammen mit anderen sekundären Pflanzenstoffen entwickelt es geradezu unglaubliche Heilkräfte.

Japanische Universitäten in Kagoshima, Okyama, Tohoku und Tokio haben an dieser Thematik schon seit Jahrzehnten gearbeitet, aber auch Ärzte vom Medical College im amerikanischen Ohio haben bestätigt, daß EGCG die Bildung von Metastasen stoppt. Es ist bereits gelungen, diesen Bestandteil des grünen Tees zu isolieren und seine enorme Wirkung auf die Tumorbildung und -verbreitung eindeutig zu beweisen. Das gilt vor allem für Krebsgeschwüre in Darm und Lunge sowie in der Leber, im Magen und auf der Haut.

Catechingehalt der Pflanzenteile	
Spitzenknospe	26,5 %
erstes Blatt	25,9 %
zweites Blatt	20,7 %
drittes Blatt	17,1 %
oberer Stängel	11,1 %
unterer Stängel	5,0 %

Sonstige Wirkungen

Wenn regelmäßig grüner Tee getrunken wird, gerinnt auch das Blut nicht so schnell, es verklumpt weder, noch werden die Blutgefäße verschlossen, er senkt die gefährlichen Auswirkungen des Cholesterins. Damit beugt er Herz- und Kreislauferkrankungen vor, und es kommt seltener zu Infarkten sowie Schlaganfällen. Eine weitere Wohltat des EGCG im grünen Tee ist, dass es die sonst schwer zu bekämpfenden Viren an der Ausbreitung hindert. In Grippezeiten kann grüner Tee also einer sonst beinahe unvermeidlichen Ansteckung vorbeugen. Nicht genug damit: Auch gegen die Vermehrung von Bakterien hilft der Wunderstoff EGCG. Das ist festgestellt worden bei der Untersuchung von Zahnbelägen, die zur Karies führen. Diese vorbeugenden und heilsamen Kräfte kann das EGCG allerdings nur dann entfalten, wenn über lange Zeit täglich sechs bis zehn Tassen grüner Tee getrunken werden.

Vitamine im grünen Tee

Eine krebshemmende Wirkung wird auch dem Provitamin A (Beta-Karotin) zugeschrieben. Es gehört zu den vielseitig wirksamen Vitaminen im grünen Tee. Vitamine müssen täglich mit der Nahrung zugeführt werden, denn sie sind einerseits unentbehrlich, können aber nicht im Körper hergestellt werden. Die Gruppe der A-Vitamine gehört zu den fettlöslichen und ist vor allem für die Sehkraft von entscheidender Bedeutung. Der Tagesbedarf eines Menschen liegt zwischen 1,5 und 2,7 mg. Mehr davon sollte nicht aufgenommen werden, denn eine Überdosis wäre giftig. Abweichend von anderen Vitaminen kann das Provitamin A als Vorstufe im menschlichen Körper zu richtigem Vitamin A umgewandelt werden.

Früher wurden die Vitamine einfach mit Buchstaben A, B, C, D, E bezeichnet. Heute sind daraus ganze Gruppen oder Komplexe geworden, vor allem bei den B-Vitaminen von 1 bis 12. Diese Gruppe umfasst die Flavine, Folsäure, Pantothensäure, Nikotinsäure und Biotin. Sie haben vielfältige Funktionen in den Nervenbahnen, bei Verdauung, Atmung und Stoffwechsel.

Der Tagesbedarf des Menschen an Vitaminen der B-Gruppe liegt zwischen 1 und 25 mg. In einer Tasse grünem Tee sind maximal 0,023 mg enthalten. Es besteht also keine Gefahr der Hypervitaminose, auch wenn sehr regelmäßig und reichlich grüner Tee getrunken wird. Für

Grüner Tee für die Gesundheit

Vitamine im grünen Tee und ihr Wirkungen	
Beta-Karotin	Sehfähigkeit, Haut- und Schleimhäute, Wachstum, Schutz vor freien Radikalen
Vitamin B_1	Zuckerstoffwechsel, Nervensystem
Vitamin B_2	Haare, Haut und Nägel, rote Blutkörperchen, Fett-, Kohlenhydrat- und Eiweißstoffwechsel, Wachstum
Vitamin B_5	Stoffwechsel und Entgiftungsreaktionen
Vitamin C	Immunsystem, Haut und Bindegewebe, Knochen, Zähne, Wundheilung, Eisenverwertung, Schutz vor freien Radikalen
Vitamin E	Schutz vor Umweltgiften, UV-Strahlung und freien Radikalen, Durchblutung und Blutgefäße, Bindegewebe, Keimdrüsen und Schwangerschaft
Vitamin K	Blutgerinnung, Knochen

die fehlenden Mengen gibt es eine ganze Reihe anderer Lebensmittel wie Hefe, Früchte, Inne-reien und andere. Das gilt auch für das Vitamin B_1 oder Thiamin, das Appetitlosigkeit mindert und Herzmuskelstörungen lindert. Es stärkt das Nervensystem und die Konzentrationskraft, macht weniger reizbar oder gar depressiv.

Das bekannteste Vitamin ist zweifellos die Askorbinsäure mit dem Buchstaben C. Es hat zahlreiche Wirkungen als Redoxsubstanz des Zellstoffwechsels wie zum Beispiel auf Bindegewebe, Knochen, Muskeln und Zähne, fördert die Heilung von Hautwunden und vieles andere mehr. Es hilft dem Körper, sich zu entgiften und Eisen aufzunehmen, gegen Radikale und Tumorbildung. Der Mensch braucht davon täglich 75 bis 100 mg. Im grünen Tee sind pro Tasse bis zu 5 mg enthalten.

Neueren Datums ist das Vitamin E mit seiner Schutzwirkung gegen verschiedene Umweltschäden und während der Schwangerschaft. Es verteidigt die Zellen gegen Radikale, fördert den Fettstoffwechsel und auch die Durchblutung. Um diese Wirkungen zu erzielen, benötigt man täglich 15 bis 30 mg. In einer Tasse grünem Tee sind maximal 2,4 mg enthalten.

Inhaltsstoffe und Wirkung von grünem Tee

Minerale und Spurenelemente

Ähnlich wie die Vitamine braucht der menschliche Körper eine ganze Reihe von Mineralstoffen sowie Spurenelementen, um seine Organe, Gewebe, Knochen und Zellen gesund zu erhalten. Zahlreiche Krankheiten entstehen einzig und allein, weil bestimmte Minerale fehlen. Am bekanntesten wurden die Schäden durch Jodmangel, die dazu geführt haben, dass nur noch Jodsalz in die Speisen gerührt werden soll. Weitere spezifische Wirkungen sind bekannt von Magnesiummangel bei Muskelkrämpfen und Kaliummangel bei Störungen des Herzrhythmus. Andere Mineralstoffe sind an der Energiegewinnung aus der aufgenommenen Nahrung beteiligt.

Da es zahlreiche Gründe gibt, die zu Mineralverlusten führen, muss gezielt etwas dafür getan werden, dass der Haushalt wieder stimmt. Der grüne Tee ist dafür ein durchaus wirksamer Lieferant. In seinen Blättern ist eine Fülle von Mineralstoffen und Spurenelementen enthalten, unter anderem Aluminium, Ei-

Mineralstoffe im grünen Tee und ihre Wirkungen

Aluminium	keine (bekannte) Funtion
Eisen	Zellatmung, Sauerstofftransport im Blut
Fluor	Zähne und Knochen, Schutz vor Karies
Kalium	Wasserhaushalt, Nerven und Muskeln, Zellstoffwechsel und Entgiftung
Kalzium	Knochen und Zähne, Nerven und Muskeln, Blutgerinnung, Zellstoffwechsel
Magnesium	Energiegewinnung, Nerven und Muskeln, Abwehr
Mangan	Bindegewebe, Blutgerinnung, Abwehr
Natrium	Wasserhaushalt, Säure-Base-Haushalt, Nerven und Muskeln
Phosphor	Zellstoffwechsel, Zähne und Knochen, vielfältige Aufgaben
Zink	Haut, Haare, Wachstum, Abwehr, Fruchtbarkeit und viele weitere Funktionen

Grüner Tee für die Gesundheit

sen, Fluor, Kalium, Kalzium, Magnesium, Mangan, Natrium, Phosphor und Zink.

In keinem Fall reicht eine Tasse grüner Tee, um den jeweiligen Tagesbedarf an Mineralstoffen zu decken, doch wenn regelmäßig und reichlich über den Tag verteilt etwa ein Liter grüner Tee getrunken wird, ist in einigen Punkten schon etwas wie eine Grundversorgung zu erreichen.

Beim **Mangan** genügt ein Liter, um den halben Tagesbedarf aufzunehmen. Das ist besonders wichtig deswegen, weil nur ein ausreichendes Depot von Mangan sicherstellt, daß die 800 mg Kalzium, die der Körper täglich für seine Knochen braucht, auch tatsächlich assimiliert werden können. Damit verhindert es fast ein Drittel aller Osteoporosefälle. In vielen Enzymen ist es enthalten, die den Fett- und Eiweißhaushalt regeln und das Bindegewebe stärken.

Ähnlich sieht es mit **Fluor** aus, das für Knochen und Zähne derart wichtig ist, dass man es schon dem Leitungswasser generell zusetzen wollte; in den USA tut man es schon. Hier liegt der tägliche Bedarf bei 1 mg. Er ist mit fünf bis zehn Tassen grünem Tee zu erreichen. Fehlt es im Körper an Fluor, werden die Zähne eher von Karies befallen. Diese Erkrankung sieht nicht nur hässlich aus, sondern ist langfristig auch eine gesundheitliche Gefahr für den gesamten Organismus. Kranke Zähne können zu Herzschäden und zahlreichen anderen Beschwerden führen.

In erheblichen Mengen ist auch **Aluminium** im Teeblatt enthalten. Davon werden jedoch nur minimale Dosen vom Körper aufgenommen. Es ist also selbst bei reichlichem Teegenuss unmöglich, sich daran zu vergiften. Vielmehr gibt es sogar eine positive Reaktion bei übersäuertem Magen: Die Aluverbindungen im grünen Tee neutralisieren die Magensäure, helfen also wirksam gegen Reizungen der Magenschleimhaut und gegen Sodbrennen.

Zink ist für die Aktivitäten mehrerer Enzyme unverzichtbar, vor allem bei Wachstumsstörungen aller Art. Zwergwuchs durch Zinkmangel entsteht auffällig bei Pflanzen, weil nicht genug Blattgrün gebildet wird. Im menschlichen Körper beeinflusst Zink den Insulinstoffwechsel in der Bauchspeicheldrüse sowie in der Netzhaut des Auges das Dämmerungssehen. Der durchschnittliche Tagesbedarf liegt bei 6 bis 15 mg. Leider weiß man bisher noch nicht, wieviel in einer Tasse Grüntee enthalten sind. Klar ist nur, dass Zink darin vorkommt.

Inhaltsstoffe und Wirkung von grünem Tee

Weitere Inhaltsstoffe

Grüner Tee schmeckt etwas bitterer als schwarzer, weil er nicht fermentiert worden ist. Beim Fermentieren verändern sich einige der Bitterstoffe, zu denen die **Gerbsäuren**, Theophyllin und einige Vitamine gehören. Sie beeinflussen nicht nur den Geschmack des Tees, sondern regen auch die Verdauung an. Die Gerbstoffe wirken stark auf Magen und Darm, da sie den schädlichen Parasiten die Nahrungsgrundlage entziehen. Sie gehören zu den Polyphenolen (wie auch das EGCG) und lassen das Koffein im Teeblatt langsamer im Körper wirksam werden.

Das **Koffein** im Tee wirkt sehr viel sanfter, weil es an die Gerbstoffe gebunden ist. So hält die anregende Wirkung länger an, man bleibt länger wach und konzentrierter. Hinzu kommt, dass der Koffeingehalt im grünen Tee geringer ist als im Kaffee. Trotzdem reicht er, um Kopfschmerzen und selbst Migräne zu lindern. Koffein in geringen Dosen hat ferner durchaus positive Auswirkungen auf die Herztätigkeit und das Nervensystem, es verstärkt die Atmung und die Blutversorgung des Gehirns. Neu ist entdeckt worden, dass Koffein das Risiko senkt, Gallensteine zu bekommen, und zwar um über 40 Prozent. Das ist in den USA bei der Untersuchung von über 50 000 Männern festgestellt worden. Die Erklärung dafür ist einfach: Koffein verringert in der Gallenblase die Bildung von Gallensäure. So bilden sich weniger Gallensteine, die bei Koliken schreckliche Schmerzen bereiten, und die Gallenflüssigkeit kann ungehindert abfließen.

Ähnlich wie das Koffein wirken **ätherische Öle**, die zahlreich in den Teeblättern enthalten sind. Ihre Wirkung auf Gehirn und Nerven ist noch wenig untersucht, aber für jeden Teetrinker absolut unbestreitbar. Sie werden als Aroma durch die Nase aufgenommen und sorgen für wohltuende Entspannung, sofern sie wie im grünen Tee naturbelassen sind. Einige davon können seelische Erregung auslösen, andere haben eher die Wirkungsweise von Schlafmitteln. Hier hängt viel davon ab, wie lange der Tee im heißen Wasser zieht. Kurze Ziehzeiten wirken eher anregend, längere beruhigend.

Koffeingehalt der Pflanzenteile

Spitzenknospe	4,7 %
erstes Blatt	4,2 %
zweites Blatt	3,5 %
drittes Blatt	2,9 %
oberer Stängel	2,5 %
unterer Stängel	1,4 %

Grüner Tee für die Gesundheit

Bioaktive Pflanzenstoffe im Teeblatt können regelrecht narkotisierend wirken, weil sie mentale Spannungen vom Muskelzentrum trennen. Wer sich aufregt, zappelt nach einigen Tassen Tee nicht mehr so herum. Die Anspannung der Muskeln lässt nach, die Gedanken und Gefühle werden merklich ruhiger und gelassener; man ist zwar voll konzentriert und angeregt, aber zugleich entspannt, weil keine Kräfte in womöglich schädliche Muskelbewegungen vergeudet werden.

Die **Saponine** beschränken ihre heilsame Tätigkeit auf die Fette im Darm. Sie lassen es nicht zu, dass diese in den Blutkreislauf eindringen, und senken somit die Werte bei „schädlichen" Cholesterinen. Auch fettreiche Zellwände von Pilzen im Verdauungstrakt werden von den Saponinen aufgezehrt. Das lässt sich auch bei der äußerlichen Behandlung von Fußpilz feststellen: Da hilft grüner Tee besser als manche synthetisch hergestellte Salbe aus der pharmazeutischen Chemie.

Bei diesen Krankheiten hilft grüner Tee

Appetitlosigkeit

Wenn der Spaß am Essen verloren gegangen ist, hat das unvermeidlich nachteilige Folgen für den gesamten Stoffwechsel, für die notwendige Zufuhr an Energie, Nährstoffen, Spurenelementen und Vitaminen. Die Ursache dafür kann ganz banal sein, dass die Nase ihr Geruchsvermögen eingebüßt hat. Wer nichts mehr riecht, hat auch keine Lust mehr zu essen. Das kann an Schnupfen, Erkältung, den Nebenhöhlen oder auch am Siebbein liegen. Weitere, weniger banale, Gründe sind seelische Probleme, die nur vom Psychiater erkundet werden können. Haben Ernährungsmängel erst einmal bis zum Gewichtsverlust geführt, wird es höchste Zeit, etwas dagegen zu tun. Dabei hilft der grüne Tee mit seinen Bitterstoffen, die ungemein appetitanregend wirken.

Anwendung:
Man trinkt eine Stunde vor jeder Mahlzeit eine Tasse Aufguss, der etwas länger als fünf Minuten gezogen hat. Das kann sogar Kindern helfen, die nicht essen wollen. Ihnen gibt man jedoch nur den zweiten Aufguss, damit sie nicht zuviel Koffein aufnehmen. Damit sie sich an den Geschmack gewöhnen, versüßt man ihnen das Getränk anfangs mit natürlichem Zucker und lässt diese Zugabe mit der Zeit etwas weniger werden.

Arterienverkalkung

Wie schon auf Seite 97 dargestellt, spielen Fette und Radikale besonders bei der Arteriosklerose eine verhängnisvolle Rolle, weil sie die oxidierten Partikel an den Aderwänden ablagern. Diese Partikel werden, vereinfacht ausgedrückt, von den Gefäßwänden aufgesogen und in sogenannte Schaumzellen umgewandelt. Das ist der Anfang der Arterienverkalkung, die vor allem Blutgefäße älterer Menschen verengt; der Blutfluss wird verlangsamt, es drohen Gefäßverschlüsse, Schlaganfall oder Herzinfarkt. Es geht bei diesem Krankheitsbeginn keineswegs allein um die Höhe des Cholesterinspiegels. Viel wichtiger ist es, zu verhindern, dass oxidierte LDL-Partikel entstehen. Das sind Low-Density-Lipoproteine, die sich mit Fett als Placken an der Gefäßwand anlagern.

Dagegen hilft unter anderem grüner Tee, weil er den LDL-Spiegel im Blut absenkt, sodass weniger Plaques gebildet werden. Dagegen steigt der Anteil hilfreicher Cholesterine, die Blutgefäße von ihren Anlagerungen befreien. Das Blut fließt wieder schneller und neigt weniger zur Gerinnung, sodass sich auch dadurch weniger große Partikel festsetzen können. Sogar der Blutdruck wird herabgesetzt, wenn man regelmäßig zu den Mahlzeiten ein bis zwei Tassen grünen Tee trinkt.

Anwendung:
Am Abend lässt man den Aufguss länger ziehen oder wählt die koffeinarmen Sorten Bancha oder Lu Shan Wu, um besser einschlafen zu können. Davon geht sogar eine beruhigende, stresslösende Wirkung aus, die länger anhält und Schlafstörungen verringert.

Blutdruck, erhöhter

Erhöhter Blutdruck von 165 zu 95 wird zumeist gar nicht bemerkt. Erst wenn die Werte extrem sind, kommt es zu Schwindelgefühl, Kopfschmerzen, Ohrensausen; auch Atemnot und Schlafstörungen können auftreten. Dann wird es höchste Zeit, etwas dagegen zu tun, denn auf die Dauer schädigt erhöhter Blutdruck Augen, Herz und Hirn, sodass es zu Schlaganfällen kommen kann. Auch die Nieren werden davon betroffen.

Um solche Folgen zu vermeiden, kann man einiges tun: die Cholesterinwerte senken, eventuell vorhandenes Übergewicht abbauen, vor allen Dingen weniger Fett essen und rauchen. Wer sich stets zu stark überlastet und deshalb gestresst ist, hat ebenfalls oft zu hohe Blutdruckwerte.

Bei allen Ursachen hilft es, grünen Tee zu trinken, der den Blutdruck senkt und beruhigt. In Japan sind darin Substanzen entdeckt worden, die speziell den Blutdruck günstig beeinflussen.

Anwendung:
Um genug der heilsamen Substanzen aufzunehmen, sollte man täglich mehrere Tassen einer koffeinarmen Sorte wie zum Beispiel Bancha trinken, und zwar zum Frühstück und zum Mittagessen. Zusammen mit den Mahlzeiten ist die therapeutische Wirkung am größten. Wer sich im Laufe des Tages öfter einmal beruhigen muss, sollte sich auch dazu eine ruhige Minute mit einer Tasse grünem Tee gönnen.

Erkältung

Diese wohl jedem leidlich bekannte Infektionskrankheit äußert sich so deutlich, dass man sie schon spürt, wenn sie „im Anzug" ist: Husten und Niesen, Heiserkeit und Halsschmerzen, laufende Nase und Kopfschmerzen. Das alles wird von Viren und Bakterien ausgelöst, die besonders heftig eindringen, wenn die Immunstärke des Körpers geschwächt ist. Dies kann ohne weiteres auch zu ernsthafteren Erkrankungen im Bereich der Atemwege führen, die im schlimmsten Falle chronisch werden können, wenn nicht rechtzeitig etwas dagegen unternommen wird.

An Hausmitteln gegen alle Erkältungskrankheiten fehlt es nicht. Sie werden vor allem durch Vitamin C gehemmt, das täglich in ausreichender Menge aufgenommen werden muss, um die Immunabwehr zu stärken. Seine Wirkung verstärkt sich, wenn es zugleich mit grünem Tee zugeführt wird. Dessen Flavonoide und Saponine helfen dabei, die Mikroorganismen jeder Art abzuwehren. Deshalb ist grüner Tee mit Zitrone auch schon als vorbeugende Maßnahme hilfreich. Fügt man kaltgeschleuderten Honig hinzu, werden die antibiotischen Kräfte weiter gesteigert. Dazu gehört allerdings, dass man mindestens viermal täglich eine Tasse Tee trinkt, der fünf Minuten lang gezogen hat. Ist es dann doch eines Tages soweit, dass sich eine Erkältung bemerkbar macht, so kann man sich Linderung verschaffen, wenn mit grünem Tee ein Dampfbad bereitet wird.

Dampfbad:

3 TL Teeblätter eines koffeinarmen Grüntees, z. B. Bancha
3 TL getrocknete Kamillenblüten
1 l heißes Wasser

Anwendung:
Den Tee in eine Schüssel oder einen Topf geben und mit dem heißen Wasser übergießen. Dann den Kopf so nah darüberbeugen, wie man die Hitze aushalten kann, ein Handtuch über den Kopf legen und den Teedampf mindestens zehn Minuten lang inhalieren.

Fieber

Tritt bei Erkältungen Fieber auf, sollte man sich unbedingt ins Bett legen. Fieber ist keine Krankheit an sich, sondern nur der Beweis, dass sich der Körper mit erhöhter Temperatur gegen eingedrungene Erreger zur Wehr setzt. Deshalb ist es verkehrt, irgendwelche fiebersenkenden Präparate einzunehmen. Erst wenn das Fieberthermometer zu hohe Werte anzeigt, werden kalte Wadenwickel mit grünem Tee angelegt.

Anwendung:
Einen Grüntee-Aufguss im Kühlschrank gründlich abkühlen lassen. Anschließend zwei Handtücher damit befeuchten und um jede Wade eines wickeln. Darüber ein trockenes Tuch schlagen. Die Wickel werden von Zeit zu Zeit so lange in eiskaltem Tee abgekühlt und erneut angelegt, bis sich eine Wirkung zeigt. Zur gleichen Zeit sollte viel vitaminreiche Flüssigkeit getrunken werden, die zusammen mit grünem Tee die Immunität steigert.

Fußpilz

Es wird in den Todesfall-Statistiken selten wahrgenommen, aber es sind tatsächlich rund zehntausend Menschen in Deutschland, die Jahr für Jahr an Fußpilz sterben: nicht unmittelbar an den Rötungen zwischen den Zehen, aber die Pilze dringen dort ein und breiten sich, ohne weiter bemerkt zu werden, im ganzen Körper aus. Es sollte also dringend etwas gegen das erste Auftreten dieser Infektionskrankheit unternommen werden.

Die Ursachen lassen sich kaum ändern, denn wer aus unvermeidlichen Gründen unter Fußschweiß leidet, ist dieser Pilzinfektion verstärkt ausgesetzt. Hinzu kommt, was der Berufsverband der Kinder- und Jugendärzte beklagt: Das ist der schlechte Zustand der Schulturnhallen, vor allem was die Dusch- und Umkleideräume betrifft. Dies ist einer der Gründe dafür, dass die Ärzte seit Jahren eine deutliche Zunahme der Fußpilzinfektionen beobachten.

Es bleibt also nichts anderes übrig, als die Symptome zu bekämpfen. Dabei hilft der grüne Tee, weil seine Gerbstoffe die Haut straffen und abhärten. Auch die pilztötenden Fähigkeiten der Saponine sind dabei hilfreich. Die direkte äußerliche Anwendung mit Fußbädern ist zu empfehlen.

Fußbad:

2 EL grüner Tee
1 EL getrocknete Salbeiblätter
1 l heißes Wasser

Zubereitung und Anwendung:
Aus den Zutaten in einer großen Schüssel einen Aufguss bereiten. Einige Minuten ziehen lassen und dann die Füße bis zum Knöchel zehn Minuten lang darin baden. Anschließend werden die Füße gründlich abgetrocknet, vor allem zwischen den Zehen. Das Fußbad kann täglich angewendet werden.

Bei diesen Krankheiten hilft grüner Tee

Gicht

Starke Schmerzen in Fuß- und Fingergelenken, die schubweise vor allem nachts auftreten, werden von Harnsäurekristallen verursacht, die sich dort eingelagert haben. Die stärksten Schmerzen treten im Frühjahr und Herbst auf, vor allem in den Gelenken, in der großen Zehe und im Fuß. Gichtknoten entstehen unter der Haut bei den betroffenen Gelenken und hinter dem Ohr. Die erkrankten Gelenke verformen sich.

Die Ursachen dafür sind meist falsche Ernährung mit Lebensmitteln, die einen zu hohen Puringehalt aufweisen. Dazu gehören die meisten Fleischarten (außer Geflügel), Innereien, Fisch und alles, was viele gesättigte Fettsäuren enthält. Diese behindern vor allem die Ausscheidung der überflüssigen Harnsäuren.

Es hat den Anschein, dass die Antioxidantien, die im grünen Tee enthalten sind, den entzündlichen Prozessen bei rheumatoider Arthritis vorbeugen und die Schmerzen etwas lindern. Wissenschaftler aus den USA fütterten die im grünen Tee vorhandenen Polyphenole an Testmäuse, was deren Erkrankungsrate an Arthritis halbierte. Der grüne Tee kann zumindest die Ausscheidung der Harnsäure fördern. Da sein Reaktionswert basisch ist, verringert er die Körpersäure insgesamt, sodass sich weniger Harnsäure bildet. Auch die für den Schmerz entscheidende Säure wird dadurch vermindert. Im Darm bindet er tierische Fette so, dass die Ausscheidung erleichtert wird.

Anwendung:
Um eine allgemeine Besserung zu erreichen, muss man allerdings pro Tag regelmäßig zu den Mahlzeiten insgesamt mehr als einen Liter grünen Tee trinken, der fünf Minuten gezogen hat. Ab Mittag wird nur noch der zweite Aufguss getrunken.

Grippe

Die alltäglichen Grippeviren lassen sich ebenso wie alle anderen Mikroben meist mit den bekannten Hausmitteln gegen Erkältungen abwehren. Was heute etwas verallgemeinert als Grippe bezeichnet wird, ist in der Regel nur ein „grippaler Infekt", also eine fieberhafte Erkrankung, die alle möglichen Ursachenhaben kann und meist bereits nach wenigen Tagen wieder abklingt. Schwieriger wird es mit der oft epidemisch auftretenden Infektionskrankheit. Sie äußert sich mit hohem Fieber, starken Kopfschmerzen und Schmerzen in der Luftröhre, insgesamt mit einem Gefühl schwerer Krankheit. Die Folgen können verheerend sein

Grüner Tee für die Gesundheit

bis hin zu Herzschäden und Entzündungen selbst des Nervensystems. Deshalb muss diese Erkrankung dringend von Anfang an und konsequent behandelt werden.

Dabei ist der grüne Tee ausgesprochen hilfreich, am besten zusammen mit Honig, Sanddornsaft, Zitrusfrüchten und allem, was sonst noch Vitamin C enthält. Vor allem die Flavonide und Saponine des grünen Tees hemmen Infektionen sowie Entzündungen und stärken die körpereigene Immunabwehr. Honig ist ebenfalls antibiotisch im Mundraum wirksam, weil sich aus seinem natürlichen Zucker zusammen mit Speichel ein Hemmstoff bildet. An jedem Krankheitstag sollte man sich daher mehrere Male eine Tasse grünen Tee bereiten und je nach Tageszeit den ersten oder zweiten Aufguss trinken.

Grippetee

1 Tasse grüner Tee
1 TL Zitronensaft
1 TL flüssiger Honig

Zubereitung und Anwendung:
Wie üblich lässt man das Wasser aufkochen und gießt es erst auf die Teeblätter, wenn es unter 80 °C abgekühlt ist. Darauf lässt man den Tee fünf Minuten lang ziehen, bevor die Blätter abgesiebt werden. Danach gibt man den Zitronensaft und Honig hinzu, jeweils einen Teelöffel voll. Der zweite Aufguss wird ebenso zubereitet.

Immunschwäche

Treten Erkältungen, Grippe und andere Infektionen öfter auf, ist die Immunabwehr des Körpers offensichtlich geschwächt. Das gilt ebenso, wenn Infektionskrankheiten langsamer als normal heilen. Für die Immunschwäche gibt es eine Fülle von Ursachen, die freie Sauerstoffradikale stärken. Das sind instabile Bestandteile des Stoffwechsels, die sich mit Sauerstoff verbinden. Das geschieht bereits in der Atemluft zusammen mit dem roten Blutfarbstoff, der die Radikalen dann im gesamten Körper verteilt. Die freien Radikalen entstehen ebenso durch eingeatmete Schadstoffe wie Stickoxide, Tabakrauch oder auch Ozon; selbst die im Sommer verstärkte ultraviolette Strahlung trägt dazu bei. Wie stark sich diese Umwelteinflüsse auswirken, zeigt eine Untersuchung, bei der Rauchern die doppelte Konzentration von Reaktionsprodukten nachgewiesen wurde.

Gegen die freien Radikalen haben sich im Körper Schutzfunktionen entwickelt, die von körpereigenen Enzymen und Vi-

Bei diesen Krankheiten hilft grüner Tee

Diese Faktoren und Ursachen schwächen die Immunabwehr

Stress	Lärm, künstliches Licht, Computerarbeit
Umweltgifte	Luftschadstoffe, Zusatzstoffe in Lebensmitteln, Amalgamfüllungen
Ernährung	Nahrungsmittelzusätze und -rückstände, einseitige Ernährung, zu viele Kalorien, Protein- oder Vitamin-Defizit, Bewegungsmangel, mangelhafte Verdauung
Drogen	Nikotin, Alkohol, Medikamente, sonstige Drogen
Allergene	Hausstaub, Pollen, Haustiere u. a.
Infektionen	Hautpilzerkrankungen, Soor, Parasitenbefall, chronische Bakterien- oder Virusinfektionen
Psyche	Ängste, Frustrationen, Verkrampfungen, Einsamkeit, Reizüberflutung, Einsamkeit

taminen unterstützt werden. Außer dem wasserlöslichen Vitamin C ist vor allem das fettlösliche Vitamin E daran beteiligt. Sie schützen beide die Körperzellen vor dem Angriff der freien Radikalen und richten sich vor allem gegen Lipide, besonders gegen die mehrfach ungesättigten Fettsäuren.

Neben dieser allgemeinen Immunabwehr entwickelt der Körper aber auch Abwehrkräfte gegen ganz spezielle Infektionen. Eine Erkrankung, die überstanden wurde, hinterlässt – ähnlich wie eine Impfung – eine Menge Abwehrstoffe, die oft noch viele Jahre lang jede erneute Infektion durch dieselben Erreger verhindern. Manche halten sich sogar das ganze Leben lang, andere bleiben nur kurzfristig wirksam, müssen also in regelmäßigen Abständen erneuert werden, vor allem im Herbst, wenn zwischen warmen Innenräumen und der nassen Kühle draußen ein ständiger

Wichtig sind die Flavonoide

Eine große Rolle spielen auch die Flavonoide in zahlreichen Gemüsearten sowie im grünen Tee. Sie stärken die Funktionen des Vitamins C. Man sollte deshalb neben grünem Tee viele Lebensmittel zu sich nehmen, die reichlich Vitamin C enthalten.

Grüner Tee für die Gesundheit

Temperaturwechsel überstanden werden muss. In dieser Zeit hilft grüner Tee zusammen mit Zitrone oder anderen Säften, die viel Vitamin C enthalten, um einer Ansteckung vorzubeugen.

Anwendung:
Man bereitet in der ersten Tageshälfte mehrere Tassen Aufguss zu, die drei Minuten lang ziehen, bevor sie getrunken werden. Zweite und dritte Aufgüsse sollten fünf Minuten lang ziehen, bevor sie zusammen mit dem Fruchtsaft getrunken werden.

Krebs

Für die Erkenntnis, dass eine ganze Anzahl von Gemüsearten die Krebsgefahr verringern, sind inzwischen auch wissenschaftliche Beweise gefunden worden. Mediziner der Universität Minnesota haben 41 000 Frauen fünf Jahre lang regelmäßig untersucht und exakt festgehalten, wie sie sich ernährt haben. Das Ergebnis war eindeutig: Wer wenigstens einmal in der Woche Knoblauch isst, wird zu 35 Prozent weniger von Darmkrebs befallen. Das ist darum so entscheidend, weil Darmkrebs zu den häufigsten Krebsleiden gehört. Allein in Deutschland sterben jährlich bis zu 30 000 Menschen an den Folgen dieser furchtbaren Krebsart.

Ferner wurde untersucht, welche Gemüsearten eine Schutzwirkung gegen bösartige Tumore haben. Es gibt vor allem einige Kohlarten, die das Immunsystem so stärken, dass Zell-Entartungen vermieden werden. In Holland hat das Reichsinstitut für Volksgesundheit die amerikanischen Ergebnisse überprüft. Die statistische Auswertung ergab eindeutig, dass Kohlarten einen hemmenden Einfluss auf Geschwulstbildung und andere Krankheitserreger haben. Den höchsten Anteil der Antikrebs-Substanzen enthält Brokkoli; danach folgen Blumenkohl, Grünkohl und Rosenkohl. Die Universität Berkely hat bestätigt, dass davon mehr Schutzenzyme im Körper gebildet werden.

Wissenschaftler der Bundesanstalt für Ernährung in Karlsruhe haben eine Liste krebshemmender Stoffe veröffentlicht, welche die Schäden krebserregender Substanzen in der Nahrung mindern. Die Gesellschaft für biologische Krebsabwehr in Heidelberg hat alle veröffentlichten Forschungsarbeiten nach Krebshemmern durchsucht. Daraus ist eine weitere Liste entstanden, in der die Wirkungskraft einzelner Gemüsearten eingestuft wird. Dazu zählen Grünkohl, Brokkoli, Weizen, Gerste und Tomaten. Das Ergebnis ist nicht viel anders als in Minnesota. Was neuerdings hinzukommt, ist der grüne Tee. Das deutsche

Bei diesen Krankheiten hilft grüner Tee

Krebsforschungszentrum hat damit begonnen, seine vorbeugenden Wirkungen gegen Krebserkrankungen zu untersuchen.

Anwendung:

Seine ganz persönliche Krebsvorsorge kann man treffen, indem täglich ein ganzer Liter frisch gebrühter grüner Tee getrunken wird. Das ist kein Heilmittel gegen die Krankheit selbst, aber es kann dazu beitragen, den Ausbruch zu verhindern und die weitere Bildung von Metastasen zu verlangsamen.

Dies geschieht auf dem Wege über eine verbesserte Immunstärke, also die Abwehr von freien Radikalen. Die im Grüntee enthaltenen Flavanoide bringen Enzyme in den Stoffwechsel, welche schon das Eindringen der Tumore stoppen. Im Verdauungsbereich werden die Zellen vor freien Radikalen geschützt, also vermindert sich die Gefahr von Magenkrebs. Darmtumore sind die häufigste Folge von überhöhter Gallensäure. Die Saponine des grünen Tees vermindern deshalb die Gefahr von Dickdarmkrebs. Sogar Lungenkrebs kann nach japanischen Untersuchungen durch die Einnahme von grünem Tee deutlich eingeschränkt werden.

Kreislaufschäden

Unter Kreislauf fasst man allgemein alle mit Blut gefüllten Hohlorgane zusammen, die Blutadern, das Herz und sämtliche Blut verteilenden Gefäße im Körper. Sie haben die Aufgabe, das Blut ständig in fließender Bewegung halten. Die feinsten Haargefäße müssen darüber hinaus den Austausch des Blutes mit dem umgebenden Gewebe bewerkstelligen. Das ist die wichtigste Funktion des gesamten Blutkreislaufs: die Aufbau- und Nährstoffe zu den Geweben und Organen des ganzen Körpers zu transportieren. Hinzu kommt noch die innere Atmung, die Sauerstoff zu- und Kohlendioxid abführt. Kreislaufschäden sind deshalb besonders gefährlich. Arteriosklerose und erhöhter Blutdruck gehören zu den häufigsten Beschwerden des

Warnsignale

Die Anzeichen für Kreislaufschäden sind Störungen der Herztätigkeit bis hin zum Infarkt und Schlaganfall. Die Anzeichen des Herzinfarkts sind typische Schmerzen im oberen Brustbereich bis in den linken Arm, Todesangst und Atemnot. Wenn solche Symptome bemerkt werden, gibt es nur noch eins: Schnellstens den Notarzt rufen!

Grüner Tee für die Gesundheit

modernen Lebens, ausgelöst von ungesunder Lebensweise.

Der grüne Tee kann hier nur vorbeugend und in der Folgezeit helfen. Er bewirkt etwas gegen die Arteriosklerose, zu hohe Werte an schädlichem Blutfett und senkt den Blutdruck.

Anwendung:
Am besten wirkt grüner Tee, wenn man ihn wie üblich zubereitet und zu den Mahlzeiten trinkt. Abends lässt man ihn länger ziehen, bis zu fünf Minuten und mehr. Außerdem sollte man in der zweiten Tageshälfte die weniger koffeinhaltigen Sorten bevorzugen wie beispielsweise den Bancha.

Kreislaufschäden führen in schweren Fällen bis zur Herzschwäche, die auch viele andere Ursachen haben kann. Dazu zählen zu hoher Blutdruck, Herzinfarkt und andere Erkrankungen des Herzmuskels. Anzeichen dafür sind Herzrhythmus- und Schlafstörungen sowie die Unfähigkeit zu körperlichen Anstrengungen. Es gibt überdies für den Therapeuten erkennbare Anzeichen anderer Art, die man unter allen Umständen untersuchen lassen sollte. Grüner Tee lässt sich hier vorbeugend einsetzen, insofern er den Blutdruck herabsetzt. Darüber hinaus wirken seine Gerbstoffe kräftigend auf den Herzmuskel. Das allerdings vermag er nur, wenn über längere Zeiten hinweg konsequent täglich mindestens zwei Tassen davon getrunken werden. Dafür sollte man den zweiten oder dritten Aufguss bevorzugen, nachdem er fünf Minuten lang gezogen hat.

Magenbeschwerden

Sodbrennen, Magensäure, Völlegefühl, Appetitlosigkeit und Aufstoßen sind noch die leichteren Magenbeschwerden; schlimmer sieht es aus, wenn Schmerzen hinzukommen (die gehörig sein können), Magenkrämpfe, Blähungen, Durchfall, Erbrechen oder Verstopfung. Sie alle können gelinde Ursachen haben wie lufthaltige Getränke oder Speisen, zu fetthaltiges oder eiweißreiches Essen, schlechte Gewohnheiten wie zu hastiges Herunterschlingen und Reden während der Nahrungsaufnahme. Hier genügt es schon, sich bessere Tischsitten anzugewöhnen. Grüner Tee hilft dabei, weil man ihn nur mit kleinen Schlucken diszipliniert genießen kann. Seine basische Reaktion setzt den überhöhten Säurespiegel im Magensaft rein physikalisch herab.

Anwendung:
Am besten verwendet man den zweiten oder dritten Aufguss, der fünf Minuten

Bei diesen Krankheiten hilft grüner Tee

gezogen hat. Davon gibt es zu jeder Mahlzeit ein oder zwei Tassen.

Sodbrennen entsteht durch saure Magensäfte, die bis in den Rachenraum aufsteigen (Reflux). Geschieht dies nur gelegentlich nach dem Genuss physiologisch saurer Nahrungsmittel, braucht man lediglich seine Verzehrgewohnheiten entsprechend zu ändern. Anders sieht es aus, wenn Sodbrennen chronisch geworden ist, denn dies kann eine ernsthafte Magenkrankheit, aber auch Angina pectoris oder Asthma anzeigen. In solchem Fall bleibt nur, die Auslöser ärztlich untersuchen zu lassen. Erst wenn diese geklärt sind, ist es angebracht, sich mit milden Grünteesorten wie Bancha, Sencha oder Lung Ching Erleichterung zu verschaffen.

Anwendung:
Einige wenige Tassen vom zweiten oder dritten Aufguss, der fünf Minuten gezogen hat, neutralisieren die überschüssige Magensäure.

Ist es bereits bis zur **Magenschleimhautentzündung** gekommen, kann es lange dauern, bis die zeitweise schweren Beschwerden langsam abklingen. Dafür benötigt man eine Diät, die auf die Dauer nur schwer zu ertragen ist, aber die einzige Abhilfe bedeutet: reizlos, geschmacklos, fleischlos, fettlos – los von allem, was das Leben sonst zu den Mahlzeiten angenehm macht. Und das kann sehr lange dauern. Deshalb sollte man umso mehr die Wirkungen des grünen Tees zu schätzen wissen, der die Säuren neutralisiert und damit die Magenwand entspannt sowie schützt. Die Gerb- und Bitterstoffe helfen zusätzlich bei der Verdauung.

Anwendung:
Auch hier ist eine anhaltende Wirkung nur möglich, wenn der grüne Tee zu allen Mahlzeiten getrunken wird, und zwar wieder nur der zweite oder dritte Aufguss, der länger als fünf Minuten gezogen hat, um möglichst viel von den Gerbstoffen herauszulösen. Auch hierfür sind am besten die Bancha-Sorten geeignet.

Mattigkeit

Eine ganz neue, noch wenig erforschte Krankheit ist das CFS (Chronic Fatigue Syndrom). Jeder kennt seine Symptome nach einer schlaflosen Nacht, doch wenn der „Kater" über Wochen und Monate andauert, ist mit einer echten Erschöpfungskrankheit zu rechnen. Hier geht es wieder um das allgemeine Immunsystem, das die Ursachen ausräumen kann. Die Abhilfe beginnt mit dem grünen Tee, der mit seinem Koffein die Kopf- und

Gliederschmerzen, Schwindelgefühle sowie geschwächte Konzentration dämpfen kann, weil er anhaltend und milde wirkt. Ob er tatsächlich auch die CFS-Viren hemmen kann, ist noch nicht endgültig geklärt, aber immerhin im Bereich des Möglichen.

Anwendung:
Damit wenigstens das Koffein zur Wirkung kommt, sollte der grüne Tee nicht länger als zwei Minuten ziehen und immer der erste Aufguss getrunken werden.

Mundgeruch

Diese unangenehme Erscheinung beruht nicht immer nur auf speziell gewürztem Essen, sondern verweist oft auch auf gesundheitliche Probleme, die so schwerwiegend sein können wie beispielsweise Magenschleimhautentzündung, Magengeschwüre, Magenkrebs, Tuberkulose oder Syphilis. Bei paradontösen Ursachen hilft oft schon eine andere Zahncreme oder eine weniger riechbare Ernährung.

Anwendung:
Grüner Tee hat eine ganze Reihe geruchshemmender Wirkungen: So säubert er den Rachenraum ebenso wie die Zähne von Belägen, die unangenehm riechen. Man muss ihn nur eine Weile im Mund behalten. Die Atemluft reinigt er auch dadurch, dass er die Verdauung fördert, sodass keine Fäulnisgase in die Atemluft gelangen können. Seine basische Reaktion neutralisiert den Säuregehalt des Magensafts, sodass auch von daher weniger Duftstoffe in den Atem gelangen. Die Wirkung des grünen Tees wird verstärkt, wenn er zusammen mit Pfefferminze aufgebrüht wird.

Nierensteine

Viel trinken ist die beste Therapie gegen Nierensteine. Sie entstehen, wenn sich Kalke oder Abbauprodukte des Eiweißes auskristallisieren und kleine, reiskornbis erbsengroße Steine bilden. Diese können fast unbemerkt mit dem Urin abgehen, aber auch, wenn sie sich stauen, zu Koliken mit äußerst schweren Schmerzen führen. In solchem Fall ist einzig und allein eine sofortige ärztliche Hilfe wirksam.

Vorbeugende Abhilfen bilden eine säurearme Ernährung, also eine fettarme, fleischlose Diät, und mehr körperliche Bewegung. Da häufige Rückfälle die Regel sind, wird von allen Ärzten dazu geraten, sehr viel zu trinken, um den Harn zu verdünnen, vor allem mit basischen Wässern.

Anwendung:
Hier hilft grüner Tee aus mehreren Gründen: Da er eine alkalische Reaktion hat, neutralisiert er die mit der Nahrung aufgenommenen Säuren. Darüber hinaus aber fördert er mit seinen ätherischen Ölen das Wasserlassen. Die von den Saponinen insgesamt verbesserte Verdauung tierischer Fette fördert ebenfalls die Ausscheidung der Harnsäure. Sie belasten wenig den Kreislauf und werden schneller wieder abgeleitet. Dazu verhelfen bei jeder Mahlzeit einige Tassen grüner Tee aus dem ersten Aufguss, der nicht länger als drei Minuten gezogen hat.

Osteoporose

Wenn schon bei leichtem Stolpern die Handgelenke brechen, wird der Arzt nach einem Blick auf das Röntgenbild mit Sicherheit Knochenschwund feststellen. Dieser kündigt sich schon länger durch rheumatische Schmerzen in Gliedern und Rücken an: anfangs nur, wenn sie belastet werden, später auch bereits in Ruhelage. Das ist bei älteren Menschen durchaus normal, kommt aber auch bei Unterernährung vor, wenn zuwenig Eiweiß aufgenommen wird. Andere Ursachen sind hormonelle Störungen und Untätigkeit. Schon wenige Wochen im Gipsverband können die Muskeln verdünnen und die Knochen schwinden lassen. Viel Eiweiß zu sich nehmen ist die erste Maßnahme, die bei älteren Menschen durch Medikamente unterstützt werden kann. Mehr körperliche Bewegung hilft ebenfalls.

Anwendung:
Der Mineralverlust kann gebremst werden, wenn man längere Zeit täglich drei und mehr Tassen grünen Tee trinkt. Die darin enthaltenen Bestandteile Fluor und Mangan regen dazu an, dass neue Knochensubstanz gebildet und das vorhandene Gewebe gestärkt wird.

Rachenschmerzen

Erkältungen (siehe Seite 107) kündigen sich meist damit an, dass in den Atemwegen Schmerzen auftreten, meist als Brennen und Kratzen. Sie verstärken sich in trockener und kalter Luft, wenn geraucht wird oder wenn Vitaminmangel herrscht. Es verschafft also bereits Erleichterung, wenn in ausgeglichen temperierten Räumen ein Luftbefeuchter aufgestellt wird und Fruchtsäfte getrunken werden, die reichlich Vitamin C enthalten. Dazu gehört auch der grüne Tee, der aber nicht nur vitaminreich ist, sondern mit seinen Flavonoiden und Gerbstoffen gleichzeitig hemmend auf alle Entzündungen wirkt. Deshalb sollte

Grüner Tee für die Gesundheit

man ihn nicht nur täglich trinken, sondern auch damit gurgeln, am besten zusammen mit Obstsäften, die viel Vitamin enthalten wie die Zitrusfrüchte.

Gurgelwasser

2–3 TL grüner Tee
1 Tasse heißes Wasser
3 TL Zitronensaft

Zubereitung und Anwendung:
Den Aufguss fünf Minuten ziehen lassen, bevor die Teeblätter abgesiebt werden. Dann erst den Zitronensaft unterrühren. Mit jedem Schluck des Getränks mindestens drei Minuten lang gurgeln und den Tee danach hinunterschlucken.

Reaktionsschwäche

Wenn das Gehirn leistungsschwach geworden ist, schnell ermüdet und vergisst, so ist es unterernährt. Gründe dafür sind Sauerstoffmangel, Stress und falsche, fettreiche, allzu süße Ernährung. Das lässt sich normal nur langsam ändern, aber es gibt einen wohltuenden Einfluss durch den grünen Tee. Seine Inhaltsstoffe sind einerseits anregend, zugleich aber auch beruhigend, sodass er die Bewegungsauslöser im Gehirn sanft blockiert. In diesem Ruhezustand ist es möglich, sich auf eine Sache zu konzentrieren, ohne „nervös" zu werden. Hinzu kommt der hohe Gehalt an Thiamin, der wichtige Kohlenhydrate im Gehirn aktiviert.

Anwendung:
Therapeutische Wirkungen erreicht der grüne Tee mit seinem ersten Aufguss, der nur drei Minuten, höchstens vier gezogen hat. Dazu sollte man sich eine Pause gönnen, um die Gedanken auf ruhigere Bahnen zu lenken. Das autogene Training kann viel dabei helfen, sich bewusst auf Dinge zu konzentrieren und die Seelenruhe wieder herstellen.

Rheuma

Schmerzen in Muskeln, Sehnen und Knochen werden verbreitet als Rheuma bezeichnet. Genau genommen sind diese Schmerzen das einzige gemeinsame Merkmal solcher Erkrankungen unterschiedlicher Funktionsträger des Körpers. Sie können plötzliches Fieber verursachen und als Folge Herz- und Nierenschäden. Als Auslösefaktor wird meist eine Überempfindlichkeit angenommen, die vor allem in jungen Jahren auftritt. Soweit es sich um entzündliche Erscheinungen handelt, die meist von überhöhter Säure im Körper ausgelöst werden, kann eine fett- und fleischarme Ernährung die Lage verbessern.

Bei diesen Krankheiten hilft grüner Tee

Anwendung:
Grüner Tee neutralisiert den Säureüberschuss, wenn pro Tag mindestens drei oder vier Tassen getrunken werden, die so lange gezogen haben, dass sich alle Gerbstoffe lösen konnten – also mindestens fünf Minuten, besser aber acht.

Schluckauf

Es haben Menschen damit leben müssen, z. B. ein Farmer aus Anthon in Iowa 67 Jahre lang, täglich 19 000 Mal; das sind 12 Mal in jeder Minute. Und im jüngst vergangenen Jahrhundert ist sogar ein Papst daran gestorben. Den mechanischen Ablauf kennen die Mediziner, doch sie wissen nicht, warum er erfolgt.

Notwendig ist das krampfartige Zusammenziehen des Zwerchfells nur einmal im Leben: beim ersten Atemzug unmittelbar nach der Geburt. Ohne dieses reflexartige Anspannen des Zwerchfells wäre das Neugeborene, das bisher nicht von Luft umgeben war, kaum in der Lage, sich Platz für die ungewohnte Atemluft zu schaffen. Das bekannte „Hicks" kommt daher, dass etwa 35 Millisekunden nach dem Schluckauf die Luftröhre verschlossen wird, damit keine Speisen oder Getränke hineingelangen. Doch wenn die Menschen erst einmal Luft atmen, hat der Schluckauf keinen erkennbaren Nutzen mehr, betont Dr. Charles Welford, Dozent an der Medizinischen Fakultät der University of Illinois in Chicago. Auslöser sind später nur noch Störungen des Organismus, ausgelöst von reiner Nervosität bis zu hastigem Trinken. Mehr als 300 verschiedene Ursachen werden in der medizinischen Literatur beschrieben.

Anwendung:
Einige Hausmittel sollen wirksam sein: der Löffel Zucker, Luftanhalten, ein Glas Wasser austrinken. Besser und sicherer jedoch wirkt eine Tasse grüner Tee, der länger als fünf Minuten gezogen hat.

Sonnenbrand

Die Anzeichen des Sonnenbrands kennt jeder, die schon einmal zu lange in der Sonne gelegen hat: rote Haut und schmerzende Hautblasen. Heute kennt man die schädlichen Auswirkungen der UV-Strahlen, die sogar zu Hautkrebs führen können, und reibt sich mit Cremes samt entsprechender Schutzfaktoren ein. Falls diese nicht ausreichen, kann grüner Tee dabei helfen, die Folgen eines Sonnenbrandes etwas zu erleichtern. Äußerlich angewendet, können seine Gerbstoffe die Schmerzen und Entzündungen lindern, die Austrocknung

Grüner Tee für die Gesundheit

des Hautgewebes bremsen. Die freien Radikalen werden daran gehindert, den Hautkrebs auszulösen.

Packung

300 ml heißes Wasser
1 TL grüner Tee
250 g Joghurt, Quark oder Buttermilch

Zubereitung und Anwendung:
Das Wasser aufkochen und zehn Minuten abkühlen lassen. Dann erst die Teeblätter damit übergießen und nach fünf Minuten abseihen. Den Aufguss mit Joghurt, Quark oder Buttermilch vermischen und weiter im Kühlschrank abkühlen lassen. Nach einer halben Stunde die Paste auf Mull- oder Leinentücher streichen und diese auf die geröteten Hautstellen legen. Eine halbe Stunde einwirken lassen, bis der Quark warm wird. Denselben Vorgang noch zwei- oder dreimal am Tag wiederholen, bis der Sonnenbrand nachgelassen hat. Eine gelinde Abhilfe bietet grüner Tee auch, wenn er reichlich dazu getrunken wird. Man kann ihn natürlich auch in verschiedenem Maße mit Mineralwasser verdünnen.

Stress

Stress ist zunächst durchaus keine Krankheit, noch nicht einmal eine Belastung. Es gibt andererseits auch die negative Art einer allzu starken nervösen, seelischen, geistigen Überforderung aus Ängsten, Sorgen wegen Trennungen. Oft genügt schon eine an sich harmlose Anstrengung, um sich überfordert zu fühlen. Das kann rasch vorübergehen, aber auch den Rest des Lebens überschatten mit Kopfschmerzen, Nervosität, Schlaf- und Verdauungsstörungen. Auch das äußerliche Aussehen verschlechtert sich, weil die Haut nicht mehr durch die dünnen Kapillaren ausreichend ernährt wird. Falten und Alterung sind die unvermeidbaren Folgen. Werden ständig die Stresshormone Adrenalin und Kortison ausgeschüttet, so werden zahlreiche andere biologische Regulatoren gebremst und schädigen damit das Immunsystem, Verdauung, Zellbau und vor allem Sexualität, die wichtig ist, weil sie negativen Stress am wirksamsten abbaut.

Grüner Tee hilft dagegen mit seinem Nervenvitamin B_1. Der Körper leidet unter dessen Mangel am stärksten, wenn viel hochprozentiger Alkohol getrunken und zuviel Süßes gegessen wird. Mangel an Vollkorn- und Fleischnahrung führt ebenfalls zu Mangel an diesem Vitamin,

Bei diesen Krankheiten hilft grüner Tee

das auch als Thiamin bezeichnet wird. Es steckt reichlich in Kartoffeln, Hülsenfrüchten, Vollkornprodukten, Schweinefleisch, Bierhefe und grünem Tee.

Anwendung:
Soll dieser Bestandteil voll ausgelaugt werden, dann muss der Aufguss bis zu vier Minuten ziehen, bevor abgegossen wird. Am besten trinkt man morgens schon auf nüchternen Magen eine Tasse und mittags sowie nachmittags noch eine koffeinarme Sorte, um abends nicht zu munter zu sein. Wer vorzeitig ermüdet, vergesslich und schlecht konzentriert ist, braucht mehr Sauerstoff und Nährstoffe im Gehirn.

Die verschafft der grüne Tee, weil er die Produktion von roten Blutkörperchen anregt; dazu liefert er Minerale und Vitamine. In Ostasien gibt es bereits seit Jahrtausenden gute Erfahrungen mit dem Teetrinken, nicht nur als beruhigende Zeremonie, sondern auch einfach wegen seines Koffeins, das anders wirkt als beim Kaffee. Es ist zwar derselbe Stoff, doch wird er erst im Darm aufgespalten und kommt von da aus nur in kleinen Mengen ins Blut. So bleibt man länger fit und weniger aufgeregt. Hinzu kommt das Vitamin B_1, das die Nerven im Gehirn aufpäppelt. Die ätherischen Öle im Grüntee regen über die Nase die Seele an, stimmen sie freundlicher, stärken die Belastbarkeit und Konzentration. Das schafft Grüner Tee nach drei bis vier Minuten Zugzeit mit Sorten wie Assam, Gyokuro und Oolong.

Übersäure

Es besteht der dringende Verdacht, dass neun von zehn Bundesbürgern in Folge von Fleischgenuss und zuviel Kaffee übersäuert sind. Das bemerkt man anfangs nicht weiter, aber es gibt später Anzeichen aus dem Verdauungsbereich wie Mundgeruch, Magenschleimhautentzündung und Sodbrennen, Immunschwäche, Kopfschmerzen und Leistungsschwäche. Die Ursachen dafür sind, dass alle körperlichen Organe nur im basischen Bereich voll funktionsfähig sind.

Anwendung:
Gegen diese Übersäuerung ist grüner Tee ein probates Mittel, weil er alkalische Werte bringt. So neutralisiert er den Säureüberschuss und bietet sich zugleich als Ersatz für die sauren Getränke wie Kaffee, Cola und Fruchtsäfte an. Man sollte ihn schon zum Frühstück nutzen. Nachmittags und abends sollte der erste Aufguss drei Minuten ziehen und danach weggegossen werden. Der zweite oder dritte Aufguss muss fünf Minuten ziehen, bevor er getrunken wird.

Grüner Tee für die Gesundheit

Verdauungsprobleme

Die schädliche Ernährung mit Weißbrot und zuckerhaltigen Lebensmitteln, denen die Ballaststoffe fehlen, führt verbreitet zu Durchfall und anderen Beschwerden im Verdauungsbereich. Weil dabei viel Wasser verloren geht, muss entsprechend viel getrunken werden.

Verdauungsprobleme können aber zugleich Anzeichen einer ernsthaften Erkrankung sein und sollten daher unbedingt vom Arzt untersucht werden. Für die Selbstbehandlung bietet der grüne Tee zahlreiche Wirkstoffe, die lindernd und auch heilend sind: Entzündungshemmend und antibiotisch sind die Flavonoide und Saponine, die Gerbstoffe entziehen Wasser aus dem Darm und unterbinden die Tätigkeit der Darmparasiten. Das Vitamin C hemmt ebenfalls Entzündungen.

Wer reichlich grünen Tee trinkt, gleicht damit den Verlust an Flüssigkeit aus und beruhigt sich, wenn nervöse Ursachen zum Durchfall führen.

Anwendung:
Wenigstens drei Tage lang sollte man statt Kaffee und Cola (womöglich mit Salzstangen!) den zweiten Aufguss von grünem Tee trinken, der fünf Minuten gezogen hat.

Zahnschmerzen

Zwei Hauptgründe verursachen die heftigsten Schmerzen, die an den Zähnen auftreten können: Karies und Entzündungen des Zahnfleischs. Karies macht sich bemerkbar, wenn schon ein Luftzug oder süße, kalte bzw. heiße Speisen schmerzhaft zu spüren sind. Dafür gibt es zahlreiche Ursachen, die sich nicht allein durch tägliche Zahnpflege ausräumen lassen. Die Verluste im Zahnschmelz können jedoch etwas aufgehalten werden, wenn man grünen Tee trinkt, der einen hohen Gehalt an Fluor besitzt. Mit seiner alkalischen Reaktion werden die schädlichen Säuren im Rachen neutralisiert und damit lässt sich der Zahnschmelz wieder aufbauen. Noch wichtiger aber ist das EGCG (siehe Seite 96), das mehrere Funktionen hat. Es lässt die Karies fördernden Bakterien nicht ungehemmt weiter gedeihen. Im Darm wirkt der grüne Tee anregend, sodass alle für den Zahnschmelz nötigen Mineralien besser verwertet werden. Dies ist vor allem wichtig, wenn säurehaltige Fruchtsäfte getrunken wurden.

Färbt sich die Zahnbürste rot, so liegt das meist daran, dass das Zahnfleisch entzündet ist. Schuld daran sind meist Plaque-Bakterien, deren Stoffwechselprodukte das Zahnfleisch angreifen. Lässt man das unbehandelt, können

Bei diesen Krankheiten hilft grüner Tee

Zahnwurzeln und Kieferknochen geschädigt werden. Die Schmerzen sind erheblich, die Zähne können ausfallen.

Anwendung:
Zur Vorbeugung sollte man täglich mehrere Tassen grünen Tee trinken, der fünf Minuten gezogen hat. Sein Vitamin C sowie die Flavonoide hemmen die Entzündungen, die Gerbstoffe ziehen die Blutgefäße zusammen und verringern die Schmerzen.

Zuckerkrankheit

Übergewicht ist ein äußerst verbreitetes Phänomen unserer Konsumgesellschaft und die Hauptursache dafür, dass der Körper nur noch unvollständig Zucker abbaut. Das macht sich bemerkbar durch großen Durst, verstärktes Wasserlassen, Gewichtsabnahme und Immunschwäche. Sind diese Anzeichen vorhanden, gibt es keinen anderen Weg als den zum Arzt. Empfehlenswert ist jedoch auch die begleitende Selbstbehandlung mit grünem Tee, der die Zuckerwerte und den Blutdruck senkt. Er kann die normale ärztliche Therapie zwar keinesfalls ersetzen, aber mithelfen, die Folgen der Krankheit zu mildern.

Anwendung:
Zur Linderung der Symptome trinkt man jeweils ein Kännchen vom zweiten oder dritten Aufguss, der ungefähr fünf lang Minuten gezogen hat.

Weitere Gesundheitsanwendungen

Wer weniger isst, lebt länger

Diäten machen nicht immer schlank, aber sie halten jung. Wer weniger isst, wird langsamer alt. Das ist die neueste Erkenntnis aus Studien an der Universität Wisconsin in Madison (USA). Die Wissenschaftler Thomas Prolla und Richard Weindruch entdeckten einen Zusammenhang zwischen der Nahrungsaufnahme und dem Alterungsprozess, berichten darüber im Fachmagazin „Science". Sie fanden in Tierversuchen heraus, dass kalorienärmere Ernährung die Lebensdauer verlängert. Jetzt sollen Tests mit Affen und Menschen folgen.

So ungewöhnlich sind diese Erkenntnisse nicht. Es gibt tausenderlei Erfahrungen, dass man länger lebt, wenn man nicht zu viel isst. Diätkuren sind deshalb seit Jahrzehnten groß in Mode, ohne dass sich damit gleich der gewünschte Erfolg eingestellt hätte. Selbst wenn, und auch das ist nicht gesichert, einige Pfunde abgespeckt werden (meist ist es nur versteckte Flüssigkeit), sind sie nach einer Woche wieder drauf. Das bringt nicht nur nichts, sondern schadet eher, und zwar aus zwei Gründen: Einmal braucht der Körper auch in den Tagen einer Entfettungskur eine Anzahl von Spurenelementen, die nicht fehlen dürfen, wenn man sich gesundheitlich nicht schädigen möchte. Zum anderen wird der einige Tage lang unterernährte Körper derart heißhungrig, daß es nur kurze Frist dauert, bis er sich wieder alles angefuttert hat.

Es geht daher allein darum, seine Lebensgewohnheiten insgesamt zu ändern, also weniger fettreich, weniger süß und weniger alkoholisiert zu essen. Sinnvoll zu fasten bedeutet nicht nur, in möglichst kurzer Zeit möglichst viele Kilo herunterzuhungern, sondern auf lange Sicht vernünftiger zu essen. Mit einer „Fünf-Tage-Kur" ist ein dauerhafter Gewichtsverlust nicht zu erreichen. Es gibt bessere Gründe, ein paar Tage zu entschlacken, um den Körper einmal gründlich von allen möglichen schädlichen Stoffen zu befreien. Die Willensleis-

Weitere Gesundheitsanwendungen

tung, die dazu nötig ist, verschafft gleichzeitig ein gestärktes Selbstbewusstsein, innere Disziplin und das gute Gefühl, Herr seiner selbst zu sein. Das steigert die geistige Energie und kann wahre Glücksgefühle auslösen. Wer einmal einige Tage lang eine solche Nulldiät erlebt hat, kann sich an eine Art von Euphorie erinnern. Wie die mittelalterlichen Heiligen wandelt man eine Handbreit über dem Boden und fühlt sich, simpel ausgedrückt, einfach großartig.

Wichtig ist in dieser Zeit allerdings, dass dem Körper die täglich notwendigen Biostoffe zugeführt werden. Das erfolgt ausschließlich durch Getränke in einer Menge von dreieinhalb Litern: kohlensäurefreies Mineralwasser, zuckerfreie Vitaminsäfte und grüner Tee. Wenn davon täglich mindestens eineinhalb Liter getrunken werden, ist das die denkbare beste Ergänzung zur Nulldiät, und zwar weil er harntreibend ist und dadurch die Entschlackung fördert. Das in seine Gerbstoffe gebundene Koffein hilft die unvermeidliche Fastenmüdigkeit zu erleichtern. Nahrungsmangel lässt Ketone entstehen, die den Körper ansäuern. Der grüne Tee mit seiner alkalischen Wirkung kann sie bis zu gewissen Graden neutralisieren. Das magenfreundliche, entspannende, Säure neutralisierende Potenzial des grünen Tees lässt es

Kurzzeit-Diät

Wer sich nicht mehr als eine Woche Zeit für eine Diät nehmen kann oder möchte, muss einige Grundregeln beachten. Es sollte möglichst eine Urlaubswoche sein, in der man weitgehend ungestört bleibt, auch von Fernsehen und Radio. Stattdessen sollte man immer wieder gymnastische Übungen und eine Art autogenes Training unternehmen. Das muss nicht bis zur regelgerechten Meditation führen. Es genügen die einfacheren Varianten davon, also abzuschalten und an nichts zu denken, was einen beunruhigen könnte. Noch besser wäre natürlich, an Hand einer leicht verständlichen Anleitung zu lernen, wie man wirklich eine Zeitlang zu vollkommener innerer Ruhe kommen kann.

Mit dem grünen Tee ist dazu schon ein Anfang gemacht. Er hilft das seelische Gleichgewicht herzustellen und lässt es gar nicht erst zu starken Ermüdungserscheinungen kommen. Er verhindert, dass der Körper versäuert, lässt schädliche Schlacken schneller abfließen, entgiftet sowie entwässert den Körper und versorgt ihn gleichzeitig mit wichtigen Spurenelementen.

Grüner Tee für die Gesundheit

nicht zu Sodbrennen oder Magenknurren kommen.

Viele andere sekundäre Pflanzenstoffe im grünen Tee führen dem Körper vor allem Mineralien und Vitamine zu. Man sollte mit dem Tee-Einsatz allerdings nicht erst am Anfangstag der Nulldiät beginnen. Es empfiehlt sich vielmehr, schon einige Wochen vorher andere Getränke wie Bier, Cola, Kaffee, Limonaden durch grünen Tee zu ersetzen, um sich an ihn zu gewöhnen.

Grüner Tee hilft vorbereitend, die Ernährung auf gesündere Arten und Mengen umzustellen, und mit ihm fällt es leichter, auf tierische Fette und Süßigkeiten zu verzichten sowie stattdessen mehr Gemüse, Obst, Fisch und Vollkornprodukte auf den Tisch zu bringen. Auf diese Weise wird der Körper mit allen wichtigen Spurenelementen versorgt, ohne dass er zu viele Kohlenhydrate erhält. Grüner Tee hält uns überdies davon ab, zum fetten Braten starkes Bier, zur kalorienreichen Sahnetorte Kaffee oder Kakao zu trinken. Es ist der Geschmack des Tees, der uns mit der Zeit daran hindert, zu fett oder übertrieben süß zu essen. Man mag das dann einfach nicht mehr.

Nulldiät ist eigentlich der falsche Name, denn sie bedeutet ja nicht, in diesen Tagen gar nichts zu sich zu nehmen. Das wäre auch der falsche Weg. Man sollte die Diät behutsam angehen, sich einige Tage langsam auf die Kur vorbereiten, also kalorienreiche Nahrung und alle Genussmittel vermeiden sowie vollwertige Kost vorziehen, vor allem Obst und Gemüse.

Solch ein **Entlastungstag** könnte beispielsweise mit einem Müsli beginnen, in das Apfel und Banane gemischt sind. Mittags gibt es dann wie in den folgenden Tagen eine Gemüsesuppe aus gekörnter Brühe und ein paar Möhrchen; eine Kartoffel darf, muss aber nicht sein. Die Suppe ist würzig genug, muss also nicht mit einer Prise Meersalz verschärft werden. Abends kann man sich eine Scheibe Knäckebrot mit Quark und Kräutern gönnen. Es wird sich schnell herausstellen, dass diese Diät zusammen mit jeweils einer großen Tasse grünem Tee das Geschmacksempfinden derart verbessert, dass ein paar frische Kräuter zum Würzen genügen, ohne dass Salz verwendet werden muss. Nur wenn nach einem solchen Tag kein schneller Stuhlgang folgt, sollte man eine Prise Glaubersalz zu sich nehmen.

In den nächsten Tagen wird nur getrunken: grüner Tee, Mineralwasser, Säfte und Gemüsebrühe. Die Mengen können durchaus erheblich sein: bis zu mehre-

Weitere Gesundheitsanwendungen

ren Litern, wenn sie vernünftig über den Tag verteilt werden. So wird kein Hungergefühl aufkommen, eher im Gegenteil: Schon der Gedanke an schwere Speisen stößt einen ab. Was mit diesen Getränken verhindert werden soll, ist eine Übersäuerung des Körpers. Während des Nahrungsentzuges bilden sich Abbauprodukte des Fettstoffwechsels, die Ketone, die eine säuerliche Reaktion zur Folge haben. Mit den Fastengetränken und vor allem dem basischen grünen Tee wird die Übersäuerung des Körpers vermieden.

Und danach?

Der letzte Schritt einer solchen Enthaltsamkeit ist es, sich langsam wieder an feste Nahrung zu gewöhnen. Morgens reichen ein paar Früchte, eine Hand voll Haferflocken und eine Tasse grüner Tee. Mittags genügen vorerst noch ein paar Pellkartoffeln mit Quark, dazu ein kleiner Blattsalat mit Kräutern, Olivenöl und Zitrone. Am Abend langt ein Knäckebrot mit Quark und Kräutern zu einem Teller Gemüsesuppe. Dafür werden eine Kartoffel, zwei Möhren, eine Tomate, etwas Lauch und Zucchini kurz angebraten und mit gekörnter Gemüsebrühe in einem halben Liter Wasser eine knappe halbe Stunde gekocht.

Schwangerschaft

Die schwangere Frau braucht besonders viele Spurenelemente, vor allem Eisen, Vitamine und Zink. Anstatt die Präparate in Pillenform zu schlucken, sollte sie sich die Vorzüge des grünen Tees zu Nutze machen. Statt Kaffee zu trinken, der die Aufnahme von wichtigen Lebensstoffen verhindert, sollte sie am besten einen stark koffeinreduzierten grünen Tee trinken.

Anwendung:
Bancha-Tee ist schon von Natur aus koffeinarm, dafür aber reich an allen gesundheitlich wirksamen sekundären Pflanzenstoffen. Selbst von ihm wird nur der zweite Aufguss verwendet; so kann man ihn auch abends noch als Durstlöscher trinken.

Grüntee für Kinder

Der Koffeingehalt des grünen Tees lässt ihn für Kleinkinder wenig geeignet erscheinen. Sie trinken schon viel zuviel Cola-Getränke und essen reichlich Schokolade; selbst im Kakao ist Koffein enthalten. Im Grunde gilt das auch für grünen Tee, der jedenfalls für Kleinkinder und zum Abend hin nicht empfehlenswert ist. Erst die älteren Kinder können an koffeinarmen Bancha-Tee als Ersatz für die oft gesundheitlich nicht ratsamen Modegetränke gewöhnt werden.

Anwendung:
Der Bancha-Tee wird nicht gezuckert, sondern nur leicht mit Honig gesüßt. Damit kann der grüne Tee Konzentration und Lernfähigkeit erheblich verbessern. Wird sein Geschmack anfänglich abgelehnt, kann man ihn mit Orangen-, Kirsch-, oder Aprikosensaft anreichern.

Wechseljahre

Wenn die Hormonproduktion nachlässt, kommt es leicht zu einem Mangel an Spurenelementen wie Eisen und Kalzium. Die Folgen sind oft Nervosität und seelische Störungen. Statt Kaffee zu trinken, der diese Mängel noch verstärkt, sollte man sich an den grünen Tee halten, der Vitamine und sekundäre Pflanzenstoffe mitbringt, die der Körper gerade in dieser Zeit der Umstellung nötig braucht. Auch der Alterungsprozess wird verlangsamt, weil das Vitamin E die sonstigen Vitamingehalte des grünen Tees diesbezüglich vorzüglich ergänzt. So kann man weniger synthetische Präparate oder gar Medikamente einnehmen und sich dennoch wohl fühlen.

Grüntee für Senioren

Gegen Alterserscheinungen vieler Art hat grüner Tee die besten Wirkstoffe. Die Arteriosklerose (siehe Seite 105) wird verdrängt, die Herzmuskeln werden gekräftigt, alternde Knochen erhalten das notwendige Fluor, Kalzium wird besser ausgewertet. Die Bitterstoffe regen den nachlassenden Appetit an vor allem auf leichte Speisen, die allemal besser sind als viel Fett und Süßes. Die Verdauung wird gefördert, der Harndrang verstärkt. Zahnfleisch und Zähne werden gestärkt und damit die Aufnahme von Rohkost verbessert.

Anwendung:
Zusammen mit Knoblauch und Quark ist grüner Tee ein wahres Therapeutikum gegen jegliche Altersbeschwerden, wenn diese Mischung mit Dill sowie Zitronensaft zubereitet wird und regelmäßig auf den Tisch kommt. Dazu verwendet man den zweiten Aufguss von drei Teelöffeln Teeblättern, die nach der ersten Minute erneut aufgegossen werden und rund fünf Minuten ziehen. Weitere Rezepte siehe Seite 56ff.

Grüner Tee für die Schönheit

Grüner Tee für die Schönheit

Schönheit: Glanz von innen

Kosmetik dient nicht nur der Eitelkeit und äußerlichen Hygiene, sie übt auch einen starken Einfluss auf das seelische Wohlbefinden aus. Dies ist von Fachärzten in klinischen Untersuchungen eindeutig nachgewiesen worden. In diesem Sinne geht von Haut- und Haarpflege eine spürbare therapeutische Wirkung auf das gesamte körperliche Befinden aus. Zu den kosmetischen Präparaten, die nach einfachen Rezepten mit grünem Tee zubereitet werden können, gehören vor allem Mittel gegen Umwelteinflüsse, Sonnenlicht und Winterkälte, Gesichtswasser zur Nachreinigung normaler, fettiger und trockener Haut, Peeling-Cremes, Tagescremes für unterschiedliche Hauttypen, Sonnencreme, Sauna-Aufguss und Dampfbademulsion.

Leicht lässt sich ein Extrakt aus grünem Tee mit einer käuflichen Salbe vermischen. Es ist aber auch nicht schwierig, die Salbe selber herzustellen. Dazu braucht man außer den wirksamen Substanzen des Tees nichts weiter als Öle, Wasser, Emulgatoren und Konsistenzgeber (Festiger). Fast alle naturreinen Pflanzenöle können dazu verwendet werden, angefangen vom Olivenöl aus der Küche bis hin zum feinen Mandelöl, das äußerst mild auf der Haut ist. Jojobaöl hat in letzter Zeit verstärkt auf sich aufmerksam gemacht. Ob Distel- oder Nussöl – es wird immer eine gute Salbe daraus. Am besten verwendet man destilliertes Wasser aus der Apotheke, aber ebenso genügt ein beliebiges stilles Mineralwasser.

Da sich Öl und Wasser nicht ohne Nachhilfe vermischen lassen, müssen Stoffe hinzugefügt werden, die als Emulgator wirken. Das gelingt schon mit Milch und Sahne, in denen sich Fetttröpfchen einige Zeit sehr fein verteilt halten. Synthetische Emulgatoren, die von der Lebensmittelindustrie verwendet werden, sind:

- ▶ Tegomuls, die sehr einfach in der Anwendung sind;
- ▶ Lamecreme für fettreiche Salben;
- ▶ kaltes Mulsifan für Lotions und Körperöle;
- ▶ Holan ebenfalls für kalte Anwendungen;
- ▶ leicht zu mischendes Lanolin;
- ▶ stark duftendes Bienenwachs;
- ▶ Sheabutter, die weniger härtet.

Schönheit: Glanz von innen

Um den Mischungen aus Öl und Wasser eine gewisse Festigkeit zu geben, damit sie sich besser streichen lassen, werden sie angedickt. In eine Salbe kann man einen oder mehrere Festiger untermischen, z. B. Bienenwachs, das gut härtet und die Haut länger besser schützt.

- ▶ Eucerin ist die Grundlage vieler Salben und Cremes;
- ▶ Gelbildner wirken als Binde- und Verdickungsmittel;
- ▶ Kakaobutter als Zusatz härtet nicht stark;
- ▶ Lanolin, das Schafwollfett, härtet wenig, heilt aber gut;
- ▶ Sheabutter wirkt hautfreundlich und heilsam;
- ▶ Walrat-Ersatz zieht ähnlich wie Hautfette sehr gut ein und härtet gut.

Die Zutaten für die Herstellung individueller Pflegekosmetik erhalten Sie in Apotheken, Drogerien sowie Naturkosmetikläden. Viel gehört nicht dazu, die Pflegemittel selber herzustellen. Das meiste ist in der Küche ohnehin vorhanden: Marmeladengläser, Pfanne, Esslöffel, Messlöffel (2 ml), Messbecher (100 ml), Gefäße für die Salben. Außerdem sind feuerfeste Gläser, ein weiterer Messbecher (20 ml), Glasrührstäbe sowie ein Thermometer nützlich.

Grundrezept für Salbe

30 ml Öl und 2 g Bienenwachs oder
1 g Bienenwachs und 4 g Lanolin oder Kakaobutter
150 ml heißes Wasser
5 gehäufte TL grüner Tee

Das Öl und das Wachs bzw. das Wachs und das Lanolin werden unter ständigem Rühren im Wasserbad erwärmt, bis sich das Wachs aufgelöst hat. Wieviel Öl und Festiger gemischt werden, hängt von der gewünschten Konsistenz der Salbe ab und muss ausprobiert werden. Die Mischung ständig umrühren, bis sie streichfähig ist. Auf einem Teller einige Tropfen erkalten lassen, um zu testen, ob sie fest genug wird. Je nachdem dann Öl für eine flüssigere oder Wachs für eine festere Konsistenz hinzufügen. Die fertige Salbe handwarm abkühlen.

Inzwischen den Tee zubereiten. Dazu den Tee aufbrühen und die Blätter nach einer Viertelstunde abseihen. Dann den Extrakt des grünen Tees unter die Salbe rühren. Die Salbengefäße werden verschlossen, nachdem die Salbe abgekühlt ist, und im Kühlschrank aufbewahrt. Die Salbe ist etwa drei Wochen haltbar.

Grüner Tee für die Schönheit

Grundrezept für Creme

Der einzige Unterschied zur Herstellung von Salben besteht darin, dass die im Wasserbad erwärmte Mischung aus Öl und Festiger anschließend mit Wasser verdünnt wird. Die Wassermenge ist unterschiedlich groß, je nachdem, wie fest die Creme werden soll.

60÷100 ml Wasser
30 ml Öl
10 g Festiger
12 g Emulgator
3 TL starker grüner Tee

In einer Pfanne das Wasser erhitzen und zwei Gläser (eins mit Öl und Festiger, das andere mit Wasser gefüllt) hineinstellen, bis die Gläser auf 60 °C erwärmt sind. Beide herausnehmen und das Wasser langsam unter ständigem Rühren in die Mischung aus Öl und Festiger gießen. Danach so lange weiterrühren, bis sich die Mischung abgekühlt hat. Dann den Emulgator sowie tropfenweise den Tee-Extrakt zusetzen, der vorher zugedeckt zehn Minuten gezogen hat. Die fertige Creme wird in eine saubere Dose gefüllt, die verschlossen wird, sobald sie abgekühlt ist. Im Kühlschrank hält sie sich am längsten.

Je nach Hauttyp empfehlen sich für die Pflegecreme unterschiedliche Zusätze wie zum Beispiel:

▶ *Für fettige Haut das Öl von:* Bergamotte, Eukalyptus, Geranien, Lavendel, Rosmarin, Salbei, Thymian, Wacholder, Zitrone und Zypresse;

▶ *Für trockene Haut das Öl von:* Geranie, Jasmin, Kamille, Lavendel, Orange, Ringelblume und Sandelholz;

▶ *Für unreine Haut das Öl von:* Kamille, Lavendel, Ringelblume, Rosmarin und Wacholder;

▶ *Für empfindliche Haut das Öl von:* Kamille, Lavendel und Rosen;

▶ *Für reife Haut das Öl von:* Johanniskraut, Melisse, Ringelblume, Rose und Rosmarin;

▶ *Für unreine Haut das Öl von:* Kamille, Lavendel, Ringelblume, Rosmarin, Thymian und Wacholder.

Schönheit: Glanz von innen

Badeöle

Waschungen und Vollbäder reinigen nicht nur Haut und Haar, sondern regen auch Körper und Geist an, beruhigen und erfrischen, entspannen Muskeln und Gemüt. Diese verschiedenen Wirkungen werden durch den Zusatz von grünem Tee erreicht, der durch die Haut aufgenommen wird und zugleich eingeatmet wird.

Grundrezept für Badeöl

80–90 ml Pflanzenöl
10 g Emulgator
5–10 ml ätherisches Öl
5–10 ml reines Duftöl
3 TL starker grüner Tee (Extrakt)

Diese Zutaten einfach verrühren und in einen sauberen Behälter aus dunklem Glas füllen. Darin hält sich das Badeöl etliche Wochen.

▶ *Beruhigend* wirkt am Abend ein Badeölzusatz aus 5 Tropfen Sandelholzöl und je 2 Tropfen Zitronen- und Ylang-Ylangöl.

▶ *Erfrischend* am Morgen sind dagegen 2 Tropfen Rosmarin- und 4 Tropfen Zitronenöl als Zusatz.

▶ Ein Badezusatz gegen *trockene Haut* wird gemischt aus 80 ml Grüntee-Basisöl, je 5 ml Geranien- und Kamillenöl, 1 ml Teebaumöl und 10 g Emulgator.

▶ Pflegeöl für *trockene und spröde Haut* bekommt auf 100 ml Grüntee-Jojobaöl 30 Tropfen Teebaumöl, 6 Tropfen Sandelholzöl und 4 Tropfen Neroliöl.

▶ Für *fettige Haut* tropft man 10 Tropfen Lavendelöl und 6 Tropfen Eisenkrautöl in 100 ml Grüntee-Jojobaöl.

▶ Für *reife Haut* verwendet man je 10 Tropfen Rosen-, Weihrauch und Teebaumöl in 100 ml Grüntee-Jojobaöl.

Gesichtsmaske

Grundrezept

100 ml Sonnenblumenöl
80 ml Weizen- oder Maiskeimöl
6 EL feine Haferflocken
120–150 ml heißes Wasser
1 TL grüner Tee

Alle Zutaten bis auf das Wasser und den Tee gut verrühren. Den Tee mit dem Wasser aufbrühen und fünf Minuten ziehen lassen. Anschließend den abgekühlten Tee hinzufügen. Diese Mischung wird auf die Gesichtshaut aufge-

Grüner Tee für die Schönheit

tragen und sollte eine halbe Stunde einwirken. Anschließend ist sie regelrecht regeneriert.

Gesichtsmasken gibt es in vielen Varianten, angefangen von Quark mit Gurkenscheiben bis zu Heilpackungen wie folgender.

Heilpackung

10 ml Jojobaöl
2 g Bienenwachs
5 g Bienenhonig
3 EL Quark
120 ml grüner Tee

Das Jojobaöl mit dem Bienenwachs im Wasserbad auf 60 °C anwärmen. Abkühlen lassen und den Bienenhonig, den Quark sowie den Tee hineinrühren. Von letzterem sollte man jedoch nicht zuviel verwenden, denn es könnte sonst passieren, dass seine Gerbsäuren die Haut lederartig machen. Diese Mischung sollte ebenfalls eine halbe Stunde einwirken, bevor sie mit lauwarmem Wasser abgewaschen und mit kaltem Wasser abgespült wird. Das glättet und reinigt die Haut.

Gesichtsmaske für trockene Haut

4 EL warmer grüner Tee
2 TL dünnflüssiger Honig
2 EL Weizenkleie

Den Tee mit dem Honig verrühren. Mit der Weizenkleie dann einen dicken Brei anrühren. Die Maske sollte 20–30 Minuten auf die Gesichtshaut einwirken.

Belebende Gesichtsmaske

1 EL aufgebrühte Teeblätter
200 g Quark
1 EL dünnflüssiger Honig
1 EL Zitronensaft

Die Teeblätter mit dem Quark und dem Honig verrühren. Zuletzt den Zitronensaft hinzufügen. Die Maske etwa 20 Minuten einwirken lassen.

▶ Alle Gesichtsmasken werden abends vor der Nachtruhe aufgetragen. Nach dem Abtrocknen ist die Haut oft trocken und muss rückgefettet werden. Eine Mischung aus 1 Teelöffel Weizenkeimöl oder 50 ml stillem Mineralwasser und 20 ml Hamameliswasser ergibt ein mildes Reinigungsmittel für die Gesichtshaut.

Schönheit: Glanz von innen

Frisch gepresster Gemüsesaft von Gurken, Möhren oder Tomaten ist ebenfalls ein wirksamer Gesichtsreiniger, wenn 1 Esslöffel davon mit 1 Teelöffel Sahne und 1 Teelöffel Sonnenblumenöl vermischt wird.

Gesichtswasser für empfindliche Haut

2 EL getrocknete Kamillenblüten
30 ml 70%iger Alkohol
2 TL grüner Tee
200 ml heißes Wasser
30 ml Rosenwasser

Die Kamillenblüten eine Stunde in den Alkohol legen. Anschließend die Blüten mit dem aufgebrühtem Tee übergießen und nach fünf Minuten abseihen. Das Rosenwasser hinzufügen und alles gut durchschütteln. Danach kann das Gesichtswasser auf die Haut aufgetragen werden.

Dampfbad

Ein Dampfbad über grünem Tee in einer Schüssel voll heißem Wasser genügt schon, um die Poren zu öffnen und so die Gesichtshaut zu entspannen. Darum sollte ein solches Dampfbad jeder anderen kosmetischen Behandlung vorausgehen. Das Gesicht wird so nahe darübergehalten, wie es die Hitze gerade noch erlaubt. Dabei legen Sie sich am besten ein Handtuch über den Kopf. Halten Sie die Augen stets geschlossen, um Reizungen durch den Dampf zu vermeiden. Die optimale Dauer für ein Dampfbad beträgt in etwa eine Viertelstunde.

Peeling

Falls Wasser, Seife und Dampfbäder über grünem Tee nicht helfen, bleibt nur noch übrig, die Gesichtshaut abzuschmirgeln. Das ist mitunter unvermeidlich, weil in fettiger Haut die Poren und Talgdrüsen verstopfen. Als Folge davon wird eine Hornschicht gebildet, die „unrein" wirkt, aber auch weitere Verstopfungen verursacht. Hier muss behutsam der „Hobel" angesetzt werden.

2 TL Pflanzenöl
2 TL Mandelkleie
16 TL Mineralwasser
2 EL starker grüner Tee (Extrakt)
Seesand

Das Pflanzenöl mit der Mandelkleie, dem Mineralwasser und dem grünen Tee gut verrühren. Der Mischung so viel Seesand hinzufügen, dass eine streichfähige

Grüner Tee für die Schönheit

Paste entsteht. Die Maske auf das Gesicht auftragen und nach kurzer Einwirkzeit abreiben.

Schöne Hände

Wer sich die Hände schmutzig macht, braucht oft mehr als Wasser und Seife, um sie zu pflegen. Bereits wenn die Hände bei ganz normaler Hausarbeit immer wieder nass werden, wird die Haut schnell spröde und rissig. Alsbald stellen sich kleine Entzündungsherde ein, die durchaus schmerzhaft sein können. Seife desinfiziert dann nicht genug, aber ein Handbad in grünem Tee beugt allen Mikro-infektionen vor. Seine Inhaltsstoffe sind entzündungshemmend und festigen außerdem die Haut. Anschließend wird eine Reinigungslotion aufgetragen, die schon beschrieben worden ist (siehe Seite 135).

Jede übliche Hautpflegelotion bringt zusätzlich eine Abhilfe für empfindliche, gespannte oder gerötete Haut, wenn sie mit einem Teelöffel Extrakt von grünem Tee vermischt wird. Dieser neutralisiert wirkungsvoll den pH-Wert der Haut an der Oberfläche.

Haarpflege

Die einfachste Methode ist, eine Hand voll neutrales Shampoo mit 2 Esslöffeln grünem Tee zu mischen und im Haar zu verteilen. Vor dem Ausspülen lassen Sie die Mischung einige Minuten einwirken.

Haarspülung

2 EL getrocknete Kamillenblüten
2 EL grüner Tee
500 ml Wasser

Den grünen Tee mit den Kamillenblüten mischen und mit dem heißen Wasser aufgießen. Den Aufguss zehn Minuten ziehen und anschließend noch etwa eine Viertelstunde abkühlen lassen. Dann wird das Haar damit übergossen und nicht ausgespült.

Massage

Für eine entspannende Massage braucht man nicht nur geschickte Hände, sondern auch ein gutes Massageöl, das die Prozedur vereinfacht. Dafür gibt es eine ganze Reihe von Basisölen, die besonders hautverträglich sind und außerdem für anhaltende Muskelentspannung sorgen. Dazu gehören Jojobaöl und süßes Mandelöl. Mohnblütenöl erwärmt und lindert die Schmerzen, aber auch einfa-

Schönheit: Glanz von innen

ches Avocadoöl, Latschenkiefernöl, Nussöl, Olivenöl, Sonnenblumenöl, Weizenkeimöl und andere Öle eignen sich hervorragend als Trägeröle für die Massage. In diese Öle werden ätherische Öle getropft wie Thymian- oder Teebaumöl.

Den Kreislauf regt eine ölfreie Massage an. Dazu wird ein Luffaschwamm in grünen Tee getaucht, der vorher abgekühlt war. Damit wird der gesamte Körper von den Füßen an abgerieben. Der Schwamm muss natürlich zwischendurch immer wieder in den Tee getaucht werden. Nach dieser Massage sollte man sich kurz kalt abduschen. Das belebt nicht nur den Kreislauf, sondern befreit auch die Haut von Hornschuppen, die sich bei der Massage gelöst haben, sodass sie danach erfrischt und schön aussieht.

Augenpflege

Nach schwerem Stress, durchwachter Nacht, extremer Computerarbeit oder zu langem Fernsehen sind die Augen verquollen und gerötet. Viele legen dann abgekühlte Schwarzteebeutel auf die Lider. Noch wirksamer ist eine Augenkompresse mit grünem Tee.

Augenkompressen

2 EL grüner Tee
500 ml heißes Wasser

Den Tee mit dem Wasser übergießen und mindestens fünf Minuten ziehen lassen. Den Aufguss auf Handwärme abkühlen lassen, dann damit ein weiches Leinentuch tränken und dieses eine Zeitlang auf die geschlossenen Augen legen.

# Rezeptverzeichnisse

Rezeptverzeichnisse

Getränkerezepte

Adventstee 57
Apfel-Flip 75
Apfel-Ingwer-Tee 56
Apfelsaft-Tee 76
Apricot-Tee 71
Aprikosen-Shake 74
Arranciata 73

Balkan-Tee 63
Bananen-Eistee 74
Beeren-Twister 69
Bishop's Tea 66

Cherry-Cup 69
Cool Orange 76

Eisbecher Grün-Rot 68
Eistee, Grundrezept 68
Eistee mit Krokant 70
Eistee, würziger 74
Erdbeer-Tee 72

Flip „Humphrey Bogart" 75

Gewürztee „Candida" 59
Gewürztee, heißer 60

Ginger-Ale-Tee 76
Glühendes Herz 66
Grüntee „Weißes Haus" 61
Grüntee, flambierter 65
Grüntee, schottischer 58

Hell Angels-Tee 62
Honey Moon 71
Hot-Flip 63

Ingwertee 59

Kaminfeuer-Tee 60
Kombuch, Lemon- 24
Kombucha à la Tropicana 25
Kombucha, Melonen- 25
Kombucha, Sekt- 25
Kombucha-Erdbeer-Flip 25
Krambambuli 64

Lapacho-Birnen-Tee 27
Lapacho-Bowle à la Tropicana 28
Lapacho-Tee, würziger 27
Lapacho: Sommerbrise 28
Leuchtturm 65

Getränkerezepte

Minz-Schokolade, grüne 60

Orange Dream 58
Orangentee 56

Papaya-Tee 75
Pfefferminztee 56
Pflümli-Tee 63
Planter's Punch 67
Pu-Erh-Tee mit Pfefferminze 19
Pu-Erh-Tee mit Pfefferminze
 und Kamille 19
Pu-Erh-Tee mit Pfefferminze
 und Milch 19
Pu-Erh-Tee mit Stiefmütterchen 20
Punsch à la Cubana 66
Punsch, grüner 59
Punsch „Hawaii" 61

Queen's Tea 70

Rosentee 61
Rotwein-Tee 62

Sangria-Tee 71
„Sealord"-Punsch 73
Single Eistee 68
Süße Verführung 57

Tee „Brasilia" 72
Tee, dalmatinischer 62
Tee, klassischer mit Rum 64
Tee von der Palme 70

Vier-Früchte-Tee 72
Vitamintee 58

White Lady 57

Zaren-Tee 64
Zitronen-Cup 69
Zitroneneis-Tee 73
Zitronen-Erdbeertee 59
Zitronen-Grüntee, Pariser 65

Rezeptverzeichnisse

Kochrezepte

Apfel-Zimt-Schinken, glasierter 85

Coconut Dream 94

Exotic-Eisbecher 93

Grüntee-Apfelkuchen 78
Grüntee-Kekse 79

Himbeer-Fantasie 94
Himbeer-Joghurt-Waffeln 92
Hühnchen mit Bandnudeln und Zitronencremesauce 88

Johannisbeer-Dessert-Sauce 92
Johannisbeer-Joghurt 91
Johannisbeer-Kuchen 79
Johannisbeer-Quark 91
Johannisbeer-Traum 92

Lemon-Dill-Lachs-Creme 86f.
Lemon-Heilbutt 86
Lemon-Sauerrahm 87
Lemon-Vinaigrette 88

Mandelküchlein 83
Mandelplätzchen 84
Mango-Rinderbraten 89
Muffins 81

Rosenblütengelee 90
Rosinenbrötchen 82
Rosinenbrötchen mit Hefe 82

Salat, tropischer 90
Schweinelende, glasierte 86
Sesamtäfelchen 83

Tee-Auflauf 93
Tee-Zitronen-Stäbchen 80
Teebrötchen, englische (Scones) 83
Teekuchen 81

Zimt-Apfel-Truthahn 85
Zitronen-Chowder 87
Zitronen-Joghurt 91
Zitronen-Knoblauch-Kartoffelbrei 89
Zitronen-Knoblauch-Pilze 88
Zitronen-Käsekuchen mit Grüntee 78
Zitronen-Quark 91

Gesundheitsrezepte

Dampfbad gegen Erkältung 107
Fußbad gegen Fußpilz 108f.
Grippetee 110

Gurgelwasser gegen
　　Rachenschmerzen 118
Packung gegen Sonnenbrand 120
Wadenwickel 108

Schönheitsrezepte

Augenkompressen 137
Badeöl, Grundrezept 133
Creme, Grundrezept 132
Gesichtsmaske für trockene Haut 134
Gesichtsmaske zur
　　Belebung der Haut 134
Gesichtsmaske, Grundrezept 133f.

Gesichtswasser für
　　empfindliche Haut 135
Haarspülung 136
Heilpackung gegen Hautreizungen 134
Peeling-Maske 135
Salbe, Grundrezept 131

Gesundheit!

Vielfältige Ratgeber zu allen Fragen der Gesundheit: Von der Schulmedizin bis zu alternativen Heilmethoden

Oliver Dietrich
Gesund und fit mit Laktotherapie
Milch, Quark und Molke
als natürliche Heilmittel
Mit ausführlichem Rezeptteil
152 Seiten mit Abbildungen, gebunden
ISBN 3-934058-16-7

Sabine Geier-Leisch
Gesund und fit mit Holunder
Natürliche Heilkraft und
kulinarischer Genuß
Mit ausführlichem Rezeptteil
152 Seiten mit Abbildungen, gebunden
ISBN 3-932131-94-0

Sabine Geier-Leisch
Wasser
Gesundheit aus einem Guß
Sanft vorbeugen und heilen –
das Fitneßprogramm für Körper
und Geist
136 Seiten mit Abbildungen, gebunden
ISBN 3-932131-87-8

Andrea Nagl
Heilen mit Honig
Gesundheit und Genuß
aus dem Bienenstock
216 Seiten, gebunden
ISBN 3-932131-62-2

Christiane M. Schröder
Gesund und fit mit Johanniskraut
Ein wunderbares Allheilmittel,
das am Wegesrand blüht
160 Seiten mit Abbildungen, gebunden
ISBN 3-934058-13-2

Sherry S. Cohen
Zärtlichkeit heilt
Die Magie der Berührung
Wohlbefinden durch Berühren, Streicheln
und Massieren
252 Seiten, gebunden
ISBN 3-932131-89-4

Dr. med. W. Exel · W. Dungl
Schmerzfrei ohne Gift
Alternative Schmerzbehandlung
216 Seiten mit Abbildungen, gebunden
ISBN 3-932131-68-1

Evelyn Thomsen
Gesund und fit mit Heiltee
Die richtigen Tees für Körper,
Geist und Seele
160 Seiten, 8 Farbtafeln, gebunden
ISBN 3-934058-11-6

Karl F. Stadler
Hypnose – Was ist möglich?
Selbsthilfemethoden und
Heilbehandlungen
236 Seiten, gebunden
ISBN 3-929626-96-9

Evelyn Thomsen
Die Heilkraft der Rosen
Gesundheit, Schönheit und Lebensglück
aus dem Rosenbeet
168 Seiten, 8 Farbtafeln, gebunden
ISBN 3-934058-21-3

Gesunde Ernährung
Ausgewählte Ernährungsratgeber mit Schlemmerrezepten

Sonja Carlsson
Kalorien- und Nährstofftabellen für die Praxis
Energiegehalt, Mineralstoffe und Vitamine von über 1000 Lebensmitteln
160 Seiten, gebunden
ISBN 3-934058-24-8

Sonja Carlsson · Gaby Schwarz
Gesund und fit mit Vitaminen
Der neue Gesundheitsratgeber mit großem Rezeptteil
160 Seiten mit Abbildungen, gebunden
ISBN 3-934058-28-0

Sonja Carlsson
Trennkost für Berufstätige
Mit 7-Tage-Plan und Tipps zu Rezepterweiterungen für Partner und Familie
160 Seiten mit Abbildungen, gebunden
ISBN 3-934058-29-9

Eva-Maria-Haaga
Gesund und fit mit Äpfeln
Die natürlichen Heilkräfte von Apfel und Apfelessig
Gesundheitsratgeber mit ausführlichem Rezeptteil
160 Seiten mit Abbildungen, gebunden
ISBN 3-934058-03-5

Johanna Schaal
Knoblauch
Eine ganz besondere Knolle
190 köstliche Rezepte, lecker und gesund
192 Seiten mit Abbildungen, gebunden
ISBN 3-932131-49-5

Johanna Schaal
Nüsse & Kerne
Die gesunden Energiespender
190 köstliche Rezepte zum Kochen und Backen
184 Seiten mit Abbildungen, gebunden
ISBN 3-932131-63-0

Christina Zacker
Gesund und fit mit Kartoffeln
Die besten Rezepte
Mit ausführlicher Warenkunde und einem Extrateil zum Thema „Fit und schön mit Kartoffeln"
168 Seiten mit Abbildungen, gebunden
ISBN 3-934058-14-0

Christina Zacker
Gesund und fit mit Reis
Reis in allen Variationen – mehr als 110 Rezepte der heimischen und internationalen Küche
152 Seiten mit Abbildungen, gebunden
ISBN 3-932131-88-6

Johanna Schaal
Kochen mit Olivenöl
125 köstliche Rezepte, lecker und gesund
152 Seiten, 8 Farbtafeln, gebunden
ISBN 3-932131-82-7